李国荣 著

明清

国家记忆采撷

国家清史编纂委员会《清史参考》李国荣刊文集萃

国家图书馆出版社

图书在版编目（CIP）数据

明清国家记忆采撷 / 李国荣著. — 北京：国家图书馆
出版社, 2021.6（2023.5 重印）

ISBN 978-7-5013-7294-2

Ⅰ.①明… Ⅱ.①李… Ⅲ.①中国历史—明清时代—
文集 Ⅳ.①K248.07-53

中国版本图书馆 CIP 数据核字（2021）第125687号

书　　名	明清国家记忆采撷
著　　者	李国荣　著
责任编辑	景　晶
装帧设计	一瓢文化·邱特聪

出版发行　国家图书馆出版社（北京市西城区文津街7号　　100034　）
　　　　　　（原书目文献出版社　北京图书馆出版社）
　　　　　　010-66114536　63802249　nlcpress@nlc.cn（邮购）

网　　址	http://www.nlcpress.com
经　　销	新华书店
印　　装	北京武英文博科技有限公司
版次印次	2021年6月第1版　2023年5月第2次印刷

开　　本	710×1000　1/16
印　　张	17
字　　数	230千字
书　　号	ISBN 978-7-5013-7294-2
定　　价	96.00元

作者简介

李国荣　中国第一历史档案馆副馆长、研究员，全国核心期刊《历史档案》杂志社社长，中国档案学会档案文献编纂学术委员会主任，清宫史研究会秘书长。全国档案领军人才，全国优秀社会科学普及专家，国家社科基金项目评审专家，国家出版基金评审专家。中国历史研究院、故宫博物院兼职研究员，北京大学、清华大学、中国人民大学、中山大学、厦门大学客座教授。北京电视台《档案》栏目历史顾问。

2012 年在国家图书馆讲座后与听众交流

2014 年在全国档案工作者年会上做主旨报告

2015 年在美国哈佛大学征集档案资料

2016 年在中国人民大学清史所讲座

2016 年在台北两岸史学研讨会作学术报告

2017 年在北京大学参加博士论文评审

2019 年在商务部为吉布提档案干部授课

2021 年在国际档案日接受中央电视台专题采访

2021年在清华大学讲授专题课　　　　2021年拜访戴逸先生

李国荣的学术著作

序　言

　　清朝是我国历史上最后一个封建王朝，统治中国长达 268 年之久，其前期在发展经济文化、巩固国家统一、加强民族团结等方面甚有功绩。中叶以后，内外矛盾尖锐，外敌入侵，国内动荡，政治日益败坏，其失误和教训，实足发人深省。清亡距今只有百年，是离我们时间最近的封建王朝，对我们的现实生活影响较大。今天的中国是历史的中国的一个发展。我们要根据中国国情，建设新时代中国特色社会主义，就要学习和研究历史，特别是离我们今天很近的清史。

　　中华人民共和国成立后，为了弘扬文化、传承国脉，党和国家领导人十分重视清史纂修，曾成立相关机构进行筹备，但由于种种原因，修史之事，几起几落，一直未能启动。2002 年，中央领导作出纂修清史的重大决定，相继成立了清史纂修领导小组、清史编纂委员会，清史纂修工程于焉肇始。

　　清史纂修不仅具有重大的学术价值，还和现实生活有着密切的关系，它不是网罗奇闻逸事，不是观赏陈迹古董，不是发思古之幽情，而是和时代脉搏的跳动息息相关。中国封建社会发展缓慢，延续了两千多年，到了清代，它具有什么特点？它的经济、政治、文化发展到了怎样的高度？清代众多的历史人物应该怎样评价？清代很多扑朔迷离的事件真相如何？为什么古代中国一直处于世界的先进行列，而到了清代却愈来愈落后？在统一多民族国家和整个中华民族发展史上，清代究竟处于什么地位？应该对其如何评价？这些都是此次清史纂修所要研究和揭示的重大问题。

历史是已经逝去了的人和事的记录，是各个国家和民族的文化创造。人有反思往事的感情，有寻根问祖的愿望，也有从自身的经验教训中学习的天赋。人类在不断前进，但每一代人都是在前人的基础上进行创新，不断前进的。这就形成了文化的传承和历史的延续，形成了历史、现实、未来之间相通的、无穷无尽的长链。现实深深植根于历史之中并通向遥远的未来。历史研究可以帮助人们在过去的远景中认识自己，并为未来的创新指点方向。历史学虽然不能像应用科学那样快速而直接地取得实用效益，但它的功能是长期的、巨大的。人类如果忘记了自己的历史，将会在现实和未来中迷失方向。历史学是传承文明、陶冶心灵、提升素质、建设新时代社会主义文化所必需，也是了解社会、掌握国情、管理和建设国家、进行战略决策所必需。

清史编纂工程启动以来，在党中央、国务院的关心下，经过海内外专家们的鼎力合作和辛勤努力，国家清史编纂委员会相继推出大批阶段性成果。学界高度关注的主体工程《清史》巨著，共105册106卷，约3200万字，已于2018年向中央提交送审稿。截至2020年底，共出版"档案丛刊""文献丛刊""研究丛刊""编译丛刊"等各类图书 246 种 3677 册，可谓成果斐然。

在推进清史纂修的同时，为了更加全面、广泛、客观地反映编纂中取得的重要成果，及时将其应用于我国新时期文化建设，充分发挥清史纂修在资政、存史、育人等方面的重要作用，国家清史编纂委员会于 2006 年开始编发《清史参考》。该刊集学史和资政于一体，兼顾资料性和时政性，择要刊登清史纂修中形成的部分科研成果。内容大致涉及典章制度、名人史事、轶闻掌故、档案文献、学术争鸣、资料考证等，力求如实反映清朝历史的真实面貌，给读者以较丰富、较切实的清史知识。到 2020 年底，《清史参考》累计刊发文章 685 篇。为扩大社会影响，清史编纂委员会还将《清史参考》专刊登载的文章分批甄选，每年一辑，列为"部级领导干部清史读本"，以《清史镜鉴》为书名，由国家图书馆出版社陆续出版，很受读者欢迎。我们看到，《清史参考》的作者，大多为清史纂修工作的项目承担者，也有一些是清史编纂委员会的骨干专家，都学有所长，是各自研究领域的佼佼者。所载文章不仅有很强的学术性，还多富深刻的现实意义，具有一定的参考价值，且篇幅短小、风格朴实、文字流畅、可读性强。应该说，这些可信可靠的文章，对种种"戏说"清史的影视文艺作品能够起到一定的校正作用，有助于让大众走出"戏说"，走近真实，这本身也是历史学家们理应担负的一种社会责任。

李国荣作为明清档案学者，一直热心投入于清史纂修工程。从主持清史编纂委员会"档案丛刊"多项专题档案的编纂出版到参加"光绪之死课题组"研究论证，从承担主体项目《科场案》的编修撰写到担任《科举志》审改定稿专家，李国荣为清史编纂做出了诸多贡献。李国荣还依托明清档案原始文献，持续为清史编纂委员会专刊《清史参考》撰写大量文章。这些文章的选题视角大多别有新意，注重资料性和可读性，将治史与资政有机地结合在一起，具有以档治史的突出特色。值得一提的是，从2006年《清史参考》创刊以来，李国荣坚持每年都为该刊撰写文章，持之以恒，从未间断，陆续刊发的文章总共有32篇，是学界为《清史参考》撰写文章数量最多的学者，得到清史编纂委员会的赞赏，也赢得众多读者的好评。

　　2021年春节之际，知悉李国荣为《清史参考》撰写的文章将汇集付梓，甚为欣慰。李国荣的这些文章，均源自明清两朝中央政府和皇室生活档案，是对那个时代国家文献记录的阐释，故建议书名为《明清国家记忆采撷》。祝愿李国荣有更多学术建树！

　　是为序。

戴逸

2021年春节

引　言

国家清史编纂委员会专刊《清史参考》陆续登载了本人的一些短文，在文化和旅游部清史纂修与研究中心的支持下，现拟集结成册，付梓刊印。在这里略缀数语，权作感言。

那是1983年，我从南国中山大学历史系毕业，迈入红墙黄瓦的紫禁城西华门，走进中国第一历史档案馆。这是明清两朝中央政府和皇室生活档案的保管基地，这里典藏的是中华民族乃至世界的珍贵文化遗产。一介学子，面对昔日幽深禁秘的皇家档案，犹如高山仰止，心灵是震撼的。也就是从那时起，岁岁年年，赏宫墙春柳，踏虹桥冬雪，怀揣着一种敬畏，日复一日地蜗居于石室，苦乐于档房。置身文献金矿，每当把尘封的王朝珍档捧在手中，缕析一桩桩国家记忆，总感是自己的人生幸事。月光依稀，灯光为伴，不敢懈怠，未曾停歇。伴随着明清档案事业的发展一路走来，不觉已是38载。我不时思忖，悠悠岁月，切切于心，情系明清档案，根在明清档案，更是感恩明清档案，在我的血液里都应该流淌着明清档案的元素。作为职业生涯，择一事，终一生，我抱定要与明清档案结伴到永远。斗转星移，时光荏苒，回首过往，我只想说：此生有缘守龙柱，今世无悔筑兰台。

盛世修史，隔代修史，这是中华民族悠久历史得以赓续绵延的文化传统。我们赶上了编修清史的历史际遇，我为自己有幸参与国家清史编纂工程而感到欣慰。记得在2003年的春天，清史编纂工程刚刚启动不久，国家清史编纂委员会主任戴逸先生带队到中国第一历史档案馆，协商系统整理清代档案服务清史编纂工程的战略合作。当时，我便主动向戴逸先生提出，开发清代有关专题档案，列入国家清史编纂委员会"档案丛刊"出版系列。正是在戴逸先生的首肯和国家清史编纂委员会的支持下，根据中国第一历史档案馆的工作部署，我作为项目主编，组织专业人员先后编纂《清代军机处电报档汇编》《清代军机处随手登记档》《庚子事变清宫档案汇编》《清宫热河档案》《清宫普宁寺档案》等5部"档案丛刊"专题项目，累计出版258册。这些清代专题档案的整理出版，为清史编纂工程提供了资料支持，其本身也成为清史工程的文献成果，同时也推动了中国第一历史档案馆的档案开发。后来，应清史编纂委员会之邀，我作为主持人承担了清史工程主体项目《科场案》的编修撰写，并担任《科举志》审改定稿专家，还参加了"光绪之死课题组"的专项研究论证。这些无疑都是学术提升的良机，也成为我的至深记忆。

国家清史编纂委员会、文化和旅游部清史纂修与研究中心主办的《清史参考》，是清史工程的成果形式之一，也是清史学界的品牌专刊。自2006年创刊以来，我依托明清档案原始文献，坚持每年都为该刊撰写文章，已陆续刊发32篇。根据该刊要求，这些史学短文，力求可靠性，选题源自档案，述论立足档案，秉持以档治史的特色；同时注重可读性，尽量做到文笔简洁流畅，努力让档案走向社会，让史学贴近大众。现将这些文章梳理汇集，分为四个部分编排，依次为：治世理政篇、钦定狱案篇、中外交往篇、皇家生活篇。全书正文之后另附"访谈录"3篇，意在从不同侧面分享明清档案文化，一并奉献读者。

在此我要由衷拜谢国家清史编纂委员会主任戴逸先生。是戴逸先生为我提供了参与清史编纂工程的诸多机会，从中得到学术滋养。2021年春节之际，我登堂拜望，戴逸先生寿越耄耋，九旬有六，依然精神矍铄，慨允为拙作赏序，并赐命书名《明清国家记忆采撷》。学界敬重的清史大家戴逸先生，洵洵古风，泽被后学，其风范恩谊至为感佩！

最后，我还要深深感谢国家图书馆出版社的朋友。对本书的编辑出版，魏崇社长、殷梦霞总编辑很是关心，多次垂问；廖生训总监、景晶编辑匠心设计，精致编排，付出极大心力，在此一并致谢！

由于本人学术功力有限，所述所论难免存有欠妥舛误之处，敬祈读者批评指正。

李国荣

2021年春日

目　录

序　言 ……………………………………………… 戴　逸　1

引　言 ……………………………………………… 李国荣　5

治世理政篇

明朝官府的那些档案 …………………………………………… 3

"康乾盛世"的闪光点 ………………………………………… 10

康熙帝反对拿祥瑞说事 ……………………………………… 16

康熙帝对佛教的冷静态度与理智举措 ……………………… 23

康熙朝三次考核"卓异"的廉吏——于成龙 ……………… 31

雍正帝告诫群臣"做实在好官" …………………………… 38

雍正帝箴言："说得一丈，不如行得一尺" ……………… 44

雍正帝"去庸人而用才干" ………………………………… 49

雍正帝对中央部院书吏的严格管理 ………………………… 54

雍正帝对台湾官员的任用与管理 …………………………… 60

雍正帝的防火意识 …………………………………………… 66

乾隆帝的"一口通商"国策 ………………………………… 74

钦定狱案篇

清朝对科场作弊的严厉打击 …………………………… 85

雍正朝的"维民所止"试题案 …………………………… 92

嘉庆帝遇刺案 …………………………………………… 99

光绪朝周福清科场舞弊案 ……………………………… 105

中外交往篇

明清档案中的陆上丝绸之路 …………………………… 113

明清档案中的海上丝绸之路 …………………………… 119

"中国皇后号":开启中美早期的商业贸易 …………… 126

晚清万国博览会 ………………………………………… 132

皇家生活篇

明清皇宫的"金砖" …………………………………… 141

景德镇官窑与清宫瓷器揭秘 …………………………… 147

清宫过年掌故谈 ………………………………………… 153

乾隆皇帝的餐饮秘笈 …………………………………… 160

避暑山庄沧桑历史的直面写真 ………………………… 169

圆明园里的皇家生活 …………………………………… 178

圆明园的十二兽首 ……………………………………… 186

颐和园里的皇家海军学堂 ……………………………… 194

西苑三海的理政与休闲 …………………………………… 202

庚子秘档中的国耻记录 …………………………………… 209

慈禧太后为何叫"老佛爷" ……………………………… 214

末代皇后婉容的宫中生活 ………………………………… 220

附：访谈录

解读千年科举 ………………………………………………… 229

揭秘光绪死亡档案 ………………………………………… 237

几代耕耘 世纪巨献——明清档案发掘刊布的百年回望 ……… 246

治世理政篇

明 清 国 家 记 忆 采 撷

明朝官府的那些档案

中国古代的纸质档案，历经千百年的朝代更迭和沧桑变幻，明清之前能够留存下来的甚少。中国第一历史档案馆是明清两朝档案的保管基地，所存档案 1000 余万件，主要是清朝档案，明朝档案仅有 3000 多件（卷）。

《中国明代档案总汇》书影

正因为这样，现今存世的明朝档案尤显珍贵。大型档案文献工程《中国明代档案总汇》是明朝官府档案的首次系统公布，是明史研究的厚重基石。

一、明朝档案是怎样留存下来的？

明朝档案是历经劫难几经辗转留存下来的。现存明朝档案，并不是清政府从明朝档案库中接收的。当明亡之际，巨量官府档案与宫殿衙署一同毁于战火。清初为纂修《明史》，于顺治五年

（1648）九月颁谕，命在京部院及外省督抚藩臬等衙门，将明时"上下文移有关政事者，作速开送礼部，汇送内院，以备纂修"（《顺治实录》卷四十）。但是其后十余年间，由于各级官衙督办不力，明档搜集成效甚微。为此，康熙四年（1665）十一月朝廷再颁谕旨："内外各衙门，将彼时所行事迹及奏疏、谕旨、旧案俱著查送。"同时强调，倘若"仍前因循了事，不行详查，被旁人出首，定行治罪。其官民之家，如有开载明季时事之书，亦著送来"（《康熙实录》卷十六）。各处散佚明档由此陆续送交清内阁大库保存。不过，后来在雍正、乾隆时期，清政府屡兴文字狱，又有意销毁一些明朝的档案文献。1900年，八国联军侵入北京，明清档案亦遭劫掠。

到民国初年，发生了令人心酸的"八千麻袋事件"。那是1921年，当时的北洋政府官员为了为解决职员薪水，竟把存放于端门的15万斤明清档案装了8000麻袋，以4000元的价钱卖给北京西单的同懋增纸店，要当作废纸去化浆造纸，幸被有识之士清朝遗老罗振玉高价从纸店买回，这些档案才没被化成纸浆。但几经迁徙转移、潮湿霉烂、鼠啮虫蛀和甲捡乙盗之后，已是损毁三万余斤，并被转卖数处。抗战时期，明清档案又南运西迁，一路颠沛流离。1949年，国民党在败退之际，将明清档案运往台湾195箱，总计约70万件。

中华人民共和国成立后，散失大陆各处的明清档案得以集中保管，除了中国第一历史档案馆的前身故宫明清档案部旧存的明清档案，东北图书馆、北京大学、中国人民大学、中国历史博物馆等单位，先后将所存明清档案移交给中国第一历史档案馆。历经沧桑的明朝官府档案遂得以相对集中。另有辽宁省档案馆尚且存有少量明代档案。

二、明朝档案都有哪些内容？

　　明朝官府档案，是明朝政府在实施政令过程中形成的原始官方文件。洪武十八年（1385），明太祖朱元璋就立法定制事宜颁谕："华风沦没，彝道倾颓，自即位以来，制礼乐，定法制，改衣冠，别章服，正纲常，明上下，尽复先王之旧。"（《明太祖实录》卷一百七十六）借鉴唐宋文书档案定制，明朝不仅有完整的文书处理制度，亦有严格的文书使用等级制度。皇帝专用的诏令文书，有诏、制、敕、册、谕、书、符、令、檄。臣工上报的文书，有题、奏、启、表、笺、讲章、书状、文册、揭帖、制对、露布、说。各官府使用的文书，上行有咨呈、呈状、申状、牒呈、牒上，下行有照会、札付、下帖、故牒，平行有平咨、平关、平牒。总之，有明一代文书档案规制十分完备。

　　现存明朝官府档案，其时间跨度，起自明太祖朱元璋洪武四年（1371），止于明思宗朱由检崇祯十七年（1644）。最早的是洪武四年（1371）的户帖、田契和永乐八年（1410）颁给失家摄聂喇嘛的敕谕。建文、洪熙、正统、景泰、天顺、弘治时期的档

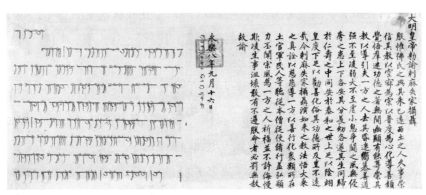

永乐帝颁发给喇嘛失家摄聂的敕谕

案基本无存，宣德、成化、正德、嘉靖、隆庆时期的档案为数亦少，万历时多为档簿，保存最多的是天启、崇祯两朝的档案。

在此，谨对现存明朝官府档案所反映的主要内容略作缕析：

（一）职官方面。有官员特别是武职官员的挑选任免、升迁调补及休致、开缺、病故、阵亡，官员的考选、议叙、褒奖和违制查议、纠参处分、开复原职等情况。《武职选簿》更翔实地记录了有关卫所官员的家世履历。

明朝《兵部武选簿》

（二）防务方面。档案载有明朝驻防换防、核实边备、设官团练、布守关卡、设探放哨、募集兵勇、整饬驿站、筹办军饷、护运漕粮等详情。

（三）战事方面。明军作战有三：一是与海上郑芝龙部属及倭寇的交战，二是在中原与李自成领导的明末农民起义军的大规模战争，三是与辽东清兵的对峙较量。凡此三类战事，均有详细记载。

（四）财政方面。有万寿庆典恭进马匹、赏给进京庆寿人员盘缠、孔孟族人临雍观礼赐给衣物、清查拖欠银两、制造宫廷金扇数目、支付官差盘费、赏给功臣地租银两、查禁侵夺地产民田及盐务税课、田地房屋契约等诸多方面的档案。

（五）外交方面。《朝鲜迎接天使都监都厅仪轨》详细记述了出使缘由、使臣职衔、往返路线、所行礼仪。特别值得一提的是，《锦衣卫选簿》中有跟随郑和下西洋的有关人物情况的记载，《福州右卫选簿》和《天津卫选簿》中也有郑和下西洋方面的史料。有关澳门问题的档案，反映了葡萄牙人沿海为患、入居澳门及互市贸易等情形。

（六）文化方面。有武科乡试、会试、殿试举办情形及进士登科录，有反映日食、地震等天文地理方面的原始资料。此外还有田地纠纷、民事诉讼等法律方面的档案。

（七）南明方面。有南明弘光时期"迄辨先帝太子真伪"和"请求归期"等档案。

凡此种种，不胜枚举。这些明朝内阁、兵部、礼部等衙门的官方档案，其史料价值和文物价值十分珍贵。

三、明朝档案是如何编纂公布的？

《中国明代档案总汇》全书共分四编，第一编、第二编、第三编为中国第一历史档案馆所藏明代档案，第四编为辽宁省档案馆所藏明代档案。两馆汇总编纂，同期推出。

第一编为散件类，共计收录明朝档案3535件。其中主要是兵部、礼部的题行稿、题稿、行稿及科抄题本、奏本、启本、揭帖、塘报、咨呈、札付、禀文，以及契约、手札、讼状、供状、告示、税票等，兼有少量敕谕、诏诰。对散件类档案，原则上采用编年体，按档案时间依次编排。对没有明确时间的档案，编者作了相应的考证编排。同时，编者对所辑档案逐件撰拟题由，标题目录力求客观、准确、简明、规范地揭示各件档案的内容。

第二编为簿册类，共收录明朝档案102卷，其中主要是《武职选簿》。所谓《武职选簿》，是记载明代京内外各卫所职官袭替补选情况的登记簿。对《武职选簿》的编纂，编者充分考虑和照顾原档状况，按《明会典》第124卷所载《都司卫所》顺序，依次编排亲军卫、左军都督府、右军都督府、中军都督府、前军都督府、后军都督府、南京五军都督府辖属各卫所职官的登记簿册，各卫所之内则按原档所编亲军、左军、右军、中军、前军、后军为序。对这部分档案，编者按原档顺序逐册编制了各有关卫所官员的姓名目录，大大方便了检索查阅。该编还收录了一部分万历、天启、崇祯年间的其他簿册，如《沈阳群牧所袭替世袭簿》《新官袭职选底》《新官替职选底》《优给优养簿》《选过替职官舍簿》《选过优给优养簿》《选过袭替复职并职优给优养簿》《朝鲜迎接天使都监都厅仪轨》等。

第三编为典籍类，均为抄存或誊印的书册，共有12部。包括《鲁斋全书》《掌诠题稿》《南京兵部车驾司职掌》《兵部行移簿》《杨鹤奏议》《崇祯存实疏钞》《锦衣卫题本档》《敕稿底簿》《礼部行文底册》《明代档册》《淮阳杂录》《凤阳新书》。各书册均按原貌编排，编者另行编制细目。

第四编为明代辽东问题档案，共有710件（卷）。主要是洪武至崇祯年间，明代辽东都指挥使司所属二十五卫与安乐、自在二州，以及明中期后设置的辽东经略、巡抚、巡按、总兵等衙署的档案。这部分明代辽东档案，翔实地记载了明时辽东地区的政治、经济、军事、文化、交通和民族等方面的情况，反映了明王朝从内地往东北发配犯罪军丁、修建边墙墩台、马市贸易、明军与女真人的战争等丰富内容。

由于诸种原因，对于明史的研究，此前多据官书文献，明代档案利用甚少。现今存世明代档案的系统公布，必将大大拓宽明史研究的领域。同时，因这套大型档案文献汇编属影印出版，完全保持了档案原貌，既确保了档案的权威性和真实性，又兼有收藏鉴赏价值。总之，明朝档案的史学研究和文化开发价值是多方面的，随着对这巨量明档的深层次挖掘，其珍贵价值必将日益彰显。

"康乾盛世"的闪光点

　　"康乾盛世"是人们津津乐道的一个话题。长期以来，以这一特定历史时期为背景的影视文学作品更是目不暇接。的确，这是清代 268 年历史中最辉煌的时期，也是整个中国古代历史上最后一个盛世。人们为什么把康乾时代的中国称为盛世？或者说，所谓的康乾盛世都有哪些值得称道的事呢？这里试作简要的梳理披陈。

康熙帝朝服像

一、奠定今天中国的版图

　　如果要把康乾盛世的历史功绩摆一摆的话，那么，最重要的一条就是，奠定了今天中国的版图。

　　康乾时期，也就是从 17 世纪中叶至 18 世纪中叶这百余年间，是清朝实现国家统一的重要时期。在东南，康熙元年（1662），郑成功从荷兰人手中收复台湾；康熙二十二年（1683），清政府最终和平统一台湾。在东北，面对俄国的入侵，康熙二十四年（1685），清军取得雅克萨战争的胜利；康熙二十八年（1689），中俄签订了《尼布楚条约》，国外势力对清朝的疆土威胁基本解除。在北方，康熙二十七年（1688），喀尔喀蒙古部落归附；康熙二十九年（1690），通过多伦会盟，康熙宣布清政府对漠北蒙古（即今外蒙古）实行直接管辖，完成对整个蒙古高原的统一。在西藏，康熙后期就开始派官员驻藏；乾隆十六年（1751），建立在达赖喇嘛和驻藏大臣领导下的噶厦政府，确定在藏长期驻兵定制，西藏实现政教合一的统治。在西北，康熙、雍正时期，几次出兵准噶尔，阻止"蒙古帝国"的建立；乾隆二十年至二十四年（1755—1759），清军历时五载，平定准噶尔部和回部，统一天山南北。在南部海疆，乾隆三十二年（1767）绘制的《大清万年一统天下全图》等多幅地图,已明确地把南海诸岛列入我国疆土。历经康、雍、乾三帝之手，我国辽阔的领土疆域最终稳定下来。

大一统是中国古代政治家追求的最高理想，也是中华民族的情结。清朝的康乾时期，国家实现了稳定的大一统局面，这固然是在中国几千年历朝历代国家疆域的基础上发展起来的，但它的历史功绩却又是超越千古的。一方面，康乾时期的中央政府对边疆地区真正实现了长期的、稳定的、有效的政治管理和军事控制，天南地北的边疆地区实实在在地成为中国领土不可分割的一部分；另一方面，内地的汉族与边疆地区的少数民族，以经济文化为纽带联系在一起，成为唇齿相依、血肉相连的一个整体。中国作为一个现代意义的多民族的统一国家，在康乾盛世已经形成。正是由于康乾盛世奠定了坚实的统一国家的基础，中国才没有在鸦片战争后、西方列强入侵时分崩离析。

二、人口突破 3 个亿

谈到人口，今天的人们一般想到的更多的是它不利的一面，即人口过多会制约社会的发展。但是，在古代中国，人口数量的多少，却一直被视为国家是否兴旺富庶的最重要的标志。因为那时生产力水平相对低下，人口便成为社会最重要的财富资源。正因这样，大小战争要争夺人口，安邦治国要增长人口。

中国古代第一次全国性的人口统计数字是 6000 万人，那是西汉末期的平帝元始二年（公元 2 年）。从那时起，历经近 1200 年，到南宋绍熙年间，人口实现第一次翻番，达到 1 亿人。清朝初年的人口不足 1.5 亿，仅仅经过 100 多年，到乾隆五十五年（1790），全国人口又翻了一番，而且突破了 3 个亿，使中国人口总数出现了空前的高峰值。由此可见，在康乾盛世，由于国泰民安，人口增长速度之快，是历朝历代所未有的。反过来说，在 17、18 世纪的百余年间，人口持续快速的增长，无疑是将盛世推向巅峰的主要因素之一。从另一个角度上讲，中国今天的人口基数以及在整个世界人口格局中所占的地位，也是康乾时代所奠定的。

三、经济大国独领先

说到康乾盛世的经济，以下列出的这些数字，是最能说明问题的。

先说全国耕地面积，康乾时期达到历史新高。康熙、雍正、乾隆三位皇帝都强调以农为本，十分重视农业，始终致力于增加农业种植面积。到 18 世纪末，全国耕地面积已经突破了 10 亿亩，远远超过了明朝末年的水平，这是中国历史上从来没有过的。

再说户部所存白银，也就是国家财政储备，在康乾时代相当雄厚。康雍乾时期，国家财政规模不断扩大，每年的财政收入一般都保持在 4000 万两白银左右。而国库，也就是户部的银库，在乾隆年间，储备的白银则常年保持在 6000 万两以上，就是说国库存银是全国每年财政总收入的一倍半，这在中国财政史上是空前的。财力富厚是盛世的标志，也是维持盛世强有力的物质基础。

从全球的角度来看，康乾时代的中国，是当时世界上最大的出口制造业国家。17、18 世纪，世界经济全球化的进程已经越来越快，那时中国的制造业在整个世界经济中具有特殊的地位，闻名东西方的中国绸缎、生丝、瓷器、茶叶等产品，不仅销往南洋、日本、中亚等传统国家地区，而且还远销欧美和俄国。一直到乾隆辞世的 18 世纪末，中国在世界制造业的总产量中仍超过整个欧洲 5 个百分点，大约相当于英国的 8 倍、俄国的 6 倍、日本的 9 倍。而美国此时刚刚建国，根本就没法同中国比。

四、文化工程宝典多

盛世修书，这点在康乾盛世表现得淋漓尽致。回顾历史，只有幸逢盛世，才有条件启动带有总结性、开创性的修书修史等大型文化工程。康乾时期标志性的大型文化工程接二连三，硕果累累。

让我们看看康乾时期光耀历史的文化遗产最主要的都有哪些。其一，颇受史家称誉的《明史》。康、雍、乾三位皇帝都十分重视总结历史经验，尤其是明朝盛衰兴亡的历史经验。康熙说过，《明实录》他自己就看了两遍。长达 332 卷的《明史》，顺治二年（1645）即动议修纂，康熙十八年（1679）始开局，至乾隆四年（1739）最终完成，前后历时 90 余年。其二，历经康熙、雍正两朝修成的《古今图书集成》。这是中国现存完整的、规模最大的一部类书，共有一万卷。其三，也是最为重要的，在乾隆年间纂修完成的中国古代第一大丛书《四库全书》。这部书几乎囊括了清乾隆以前的中国古代最重要的文献典籍，总数达 8 万多卷，收入各类书籍 3500 多种。这部规模空前的巨型丛书，前后历时几十年，总共缮写七部，分别珍藏在紫禁城内的文渊阁、盛京的文溯阁、圆明园的文源阁、避暑山庄的文津阁，以及江浙地区的扬州文汇阁、镇江文宗阁和杭州文澜阁。历经兵火浩劫，《四库全书》现仅有三部半留存于世。

康乾时代的中国，在当时世界上具有很高的地位和美好的形象。17、18 世纪的中国，是西方人心目中无限神往的国度，西方的思想家们更是对这个东方神秘之国赞不绝口。法国 18 世纪的思想家伏尔泰认为，当时的中国是世界上治理得最好的国家，"全国一家是根本大法"。法国另一个思想家魁奈则说："幅员辽阔的中华帝国的政治制度和道德制度，建立在科学和自然法的基础上，这种制度是对自然法的发扬。"西方思想家和学者对康乾盛世的这些赞誉之词，固然添加了

《钦定四库全书》

许多理想化的色彩，却也折射出那时的中国在世界的投影是比较美好的。

　　然而，面对急剧变化纷纷兴起的资产阶级革命和产业革命的世界局势，康、雍、乾这三位大清皇帝仍满足于在封建制的旧轨道上蹒跚。于是，盛世的背后，正是中国落伍于世界的开始。18世纪末的英国使臣马嘎尔尼，通过访华窥破了貌似强大的中华帝国的虚弱本质，他十分形象地说："清帝国好比是一艘破烂不堪的头等战舰。"还在乾隆晚年，国势就已下滑，隐患重重。尽管朝廷千方百计地加以粉饰，但百年盛世还是走到了尽头。

康熙帝反对拿祥瑞说事

祥瑞即吉祥符瑞，又称瑞应、符瑞、嘉瑞、祯祥。在中国古代，一直有天人感应的说法，祥瑞也就被看做是国运兴盛、天下太平的征兆。《春秋繁露·同类相动》载："美事召美类，恶事召恶类，类之相应而起也。"又载："帝王之将兴，其美祥亦先见；其将亡也，妖孽亦先见。"由此说来，君王圣明，天就出示祥瑞；君王失德，天便降下灾异。祥瑞灾异，就像上天掌握的赏善罚恶令，与人间尤其是君王的德政息息相应。于是，古代以天子自居的帝王们，往往把祥瑞作为神化自己和粉饰太平的特殊招数。据《新唐书·百官志》开列的祥瑞物种清单，唐代五花八门的祥瑞名目竟有134种之多。从清宫档案来看，所谓的祥瑞大致可分为如下几种：天文祥瑞，有景星、庆云等；动物祥瑞，有凤凰、麒麟、神龟、赤兔等；植物祥瑞，有芝草、嘉禾、连理树等；自然祥瑞，有甘露、醴泉、黄河清等；器物祥瑞，有神鼎、玉璧等。为了迎合讨好君王，搜寻祥瑞几乎成了地方官员的一大任务，不管什么地方，一旦出现某种祥瑞征兆，当地官员便会立即呈报。历史上大多数君王，为了装点美德盛世，对臣工进献种种祥瑞的行为，或是赞赏，或是默认，还有不少是变着法儿地鼓励和提倡。

然而，清朝的康熙帝面对祥瑞却是能够保持几分清醒和理智的。他认为，祥瑞与人君并无直接联系，臣工们津津乐道的祥瑞现象于国计民生毫无益处。

一、对古来祥瑞万象，康熙帝认为"其实不足信也"

康熙帝是个崇尚科学的君主，他认为古书上所说的很多祥瑞现象都是不可信的无稽之谈。《清史稿》载，康熙帝读史时，看到宋太祖时五星聚奎的记述，当即发表了一番议论，说："五星行于天，度数不同，迟速各异，何由聚于一宿，虽史册书之，考之天文，断之以理，终不可信。"

《圣祖御制文集》中，留下了康熙帝对古代祥瑞记载所提出的异议："古称庆都感赤龙之祥，孕十有四月生尧。此等事先儒常疑之，正孟子所谓'尽信书不如无书'之意也。"康熙帝认为，所谓赤龙与庆都合而生尧之说，是不可信的。类似的种种说法之所以流传下来，"盖圣人不语怪，以垂戒于世"，而后人又不敢把这"侈言祥瑞之事"说破。康熙帝进而指出，"古史中如黄帝鼎湖乘龙，及周穆王宴于瑶池之事，皆非正史所传。虽文章常采用之，不过资其华藻以新耳目，其实不足信也"。

康熙帝认为，作为君王，最大的"天意"就是勤政爱民。他说："人君惟敬修其德，以与天意相孚，不必指何事为何德之应。总之和气至祥，乖气至戾，乃古今不易之恒理。遇祥益谦，遇灾知敬，乃人君应天之实事，亦无时不致其谨凛而已。"遇有吉祥，要更加谦逊勤政；遇有灾难，要及时反省补救。这就是康熙帝的"人君应天"观。

二、对北京文官果，康熙帝写诗"更喜连连时雨中"

北京什刹海的后海北岸，本有座始建于明成化三年（1467）的龙华寺。当时，该寺门前种有大片稻田，呈现一派江南风光。寺内青竹古松众多，"磬声松下静，鸟语竹间清"。不少居住在北京城的南方人喜欢到这里观景。

康熙五十二年（1713）三月十八日，是康熙帝六十大寿，内外大臣用各种办法祝贺。都察院左都御史揆叙将龙华寺整修一新，在寺内为康熙帝祈求福佑。寺庙修好后，揆叙专门将此事奏报，康熙帝特赐名"瑞应寺"。

事也凑巧。这年夏天，瑞应寺内种植的文官果（又叫文光果、文冠果）长的格外好，而且是果实两两相连，有着青荧的光泽。当时，揆叙正随同康熙帝在热河避暑。寺僧便派人骑上驿马，星夜兼程奔赴山庄，将并蒂骈颗文官果送去。揆叙看后十分惊奇，大臣们也都议论纷纷，说皇上刚刚为这个寺庙题写了额联，瑞象即现，真是"瑞应"。一个叫汤右曾的朝臣，因刚刚升任经筵讲官，赴热河谢恩，闻知此事，随即写了《文光果》一诗。这一天，康熙帝问起身边侍班的揆叙："汤右曾工于诗，有刻成者，可令进呈。"揆叙当即奏答："刻者未之见，右曾昨在臣寓，有所作《文光果》诗。"康熙帝便命取来阅看。他看到诗中有借文光果赞美祥瑞之意，便御制一首赐和，诗曰：

文官果

西域滇黔有此种，花从贝梵待春融。

龙章瑞应题真境，载笔欣瞻近法官。

内白皮青多果实，丛香叶密待诗公。

冰盘先献枫宸所，更喜连连时雨中。

康熙帝在诗中表明自己对于瑞象并不看重，真正关心的是"连连时雨"，期盼的是天下风调雨顺。

三、对桂林灵芝，康熙帝朱批"家给人足，即是莫大之祥瑞"

据清宫档案记载，同样是康熙五十二年（1713），还发生了另一件祥瑞之事。广西布政使黄国材向广西巡抚陈元龙禀称："本年二月间，桂林山中产有灵芝，时有祥云覆其上。国材遣人入山访之果真，因采取携归，阴干收藏，其质甚轻，高一尺余，色淡黄，状如云气，实目中所未见。闻灵芝可以服饵益寿延年，国材不敢自私，伏乞代为进呈御览。"因为黄国材当时还没有向皇帝呈递折子的权力，所以特地请陈元龙代为进呈。

陈元龙一方面感到这是属员敬献的祥瑞之物不可怠慢，另一方面也认为这是他自己博得康熙帝好感的一个机会。于是立即派人将灵芝送往京城，并写了一道奏折，引经据典大谈了一番祥瑞。他写道："臣伏查《神农经》云：王者慈仁则芝生。《孝经援神契》云：善养老则芝茂。今我皇上至仁至慈，无一民一物不在胞与之中，而且养老施恩极其优渥。灵芝应时而生，理所固然。在圣主不贵祥瑞，臣何敢冒昧进献。但思此亦物产之奇，考《抱朴子》所载，灵芝凡数百种，此芝生于深山大木之下，大约是菌芝之类，我皇在广西巡抚陈元龙奏折上，康熙帝朱批："家给人足，即是莫大之祥瑞。"

上圣学渊深，穷理格物，无不辨晰精微，此芝或可备药物之用。且念黄国材一点诚敬之心，臣不敢不代为上达。"（《康熙朝汉文朱批奏折汇编》）

陈元龙明明知道康熙帝"不贵祥瑞"，仍要费心阐释一通"皇上至仁至慈"与"灵芝应时而生，理所固然"的道理，是想在康熙帝大寿之际说几句恭维话。看了奏折，康熙帝提笔批道："史册所载祥异甚多，无益于国计民生，地方收成好、家给人足，即是莫大之祥瑞。"并特地又加批四个字："朕不必览。"

四、对直隶灵芝，康熙帝说"民有吃的，就是大瑞"

清宫档案里，还保存着一件康熙五十六年（1717）五月十六日直隶总督赵弘燮的奏折，谈的也是进献灵芝的事。

赵弘燮在折子上说，"唐虞之世，芝草献瑞"，当今皇上厚德爱民远远超过尧舜时代，普天之下沐浴着皇上的恩泽，故而芝草之祥也就理当现世了。日前有直隶满城县的监生夏栋禀报，他邻居丁起隆家院子里长出了一株灵芝，臣僚们看后都惊呼这是盛世的瑞兆。赵弘燮说自己孤陋寡闻，没有见识过灵芝为何物，不能识别，而"皇上无所不能"，于是恭呈御览。

面对赵弘燮费尽口舌的献瑞奏折，康熙帝很是不以为然。他在折子上写下了这样的朱批："朕自幼龄读书，颇见帝王所好者，景星、庆云、天书、芝草之类，朕皆不以为瑞。所为瑞者，年谷丰登，民有吃的，就是大瑞。"在这里，康熙帝直言，自古以来的种种奇异，都不是什么祥瑞，老百姓有吃的，才是天下最大的祥瑞。至于满城的那棵灵芝，康熙帝不屑一顾，告诉赵弘燮"真伪不必再言"。

我们看到，康熙帝一而再、再而三地反对拿祥瑞说事，从不相信何事为何德之应，他所理解的天意，即是物阜民丰、百姓安居、

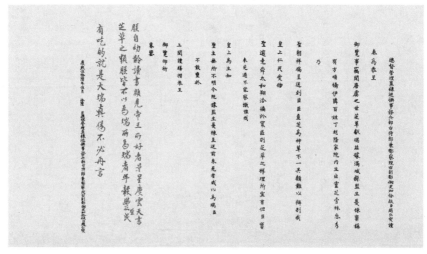

在直隶总督赵弘燮奏折上，康熙帝朱批："民有吃的，就是大瑞。"

天下太平。正是由于康熙帝重实事轻虚荣，在其务实的治理下，打造出了康乾盛世的开局。当时，有的官员阿谀奉承、吹牛拍马，把康熙王朝吹捧为尧舜时代，说什么东汉之建武、大唐之贞观都不能与之相提并论。康熙帝对这种肉麻的称颂很是反感，斥责这些人是"在人主之前说一等语，退后又别作一等语"，是不折不扣的两面人。可见，康熙帝是极力倡导求实务实作风的。

康熙帝对佛教的冷静态度与理智举措

中国古代帝王对于佛道二教，或是痴迷，或是禁毁，多是感情用事。透过档案文献可以看到，清朝的康熙帝对佛道的态度则是冷静和理智的，他对佛教既适度限制，又有效利用，在皇权与佛教关系的处理上堪称到位，颇值玩味与思量。

一、"朕生来不好仙佛"

据《康熙起居注》载，康熙十一年（1672）二月二十八日，康熙帝出巡赤城（今属张家口市）温泉，路旁跪一道士，恳请康熙帝赏赐名号旌表其庙，以增"光宠"。康熙帝斥责说："求赐名号，意欲蛊惑愚民。"进而传谕，表明他对佛道二教的态度："朕亲政以来，此等求赐观庙名号者，概不准行。况自古人主好释老之教者无益有损。"紧接着，康熙帝列举了两个很典型的例子。一是梁武帝迷于佛教，多次舍身，不理朝政，终因侯景之乱，饿死于台城；二是宋徽宗惑于道教，不振朝纲，废弛武备，终至国破家亡，父子二人都当了金人的俘虏。康熙帝是个比较重视历史经验教训的帝王，他以此为戒，训示臣下"此可鉴也"。

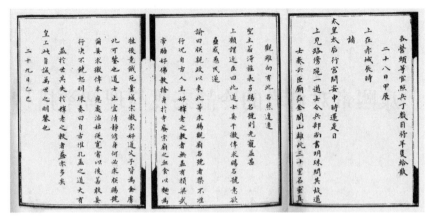

《康熙起居注》："自古人主好释老之教者无益有损。"

在康熙十二年（1673），康熙帝曾先后三次与大学士熊赐履探讨佛道宗教问题，君臣二人的答对，均载于《康熙起居注》内，比较集中地反映了康熙帝"不好仙佛"的态度。第一次，是在当年八月二十六日。熊赐履对年仅20岁的康熙帝说：自古以来，所有明君圣主没有信奉佛老的，即便是秦始皇那样雄强英武的皇帝，一旦崇信仙道，也不免贻笑千秋。康熙帝说："此正论也，朕当切识之。"表示要铭心切记。第二次，是在同年十月初二。熊赐履来到御座前，康熙帝首先讲道："朕生来不好仙佛，所以向来尔讲辟异端、崇正学，朕一闻便信，更无摇惑。"康熙帝在这里说，自己不会被佛道论说所惑。第三次，是在同年十月初九。康熙帝与熊赐履谈到，佛道二教因幻妄无实与孔孟之道不相容，而且，佛老猖行，迷信亦必随之发展，伤风坏俗，必须实力禁革。这三次谈话，构成了康熙帝宗教观的基调，标志着康熙帝对佛道态度的形成。

康熙帝进而认为，崇奉佛教是愚昧无知的举动。《康熙政要》

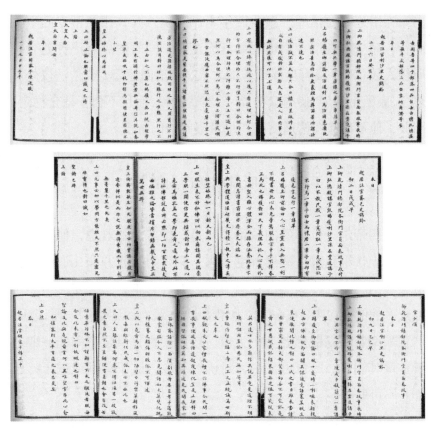

《康熙起居注》：康熙十二年八月二十六日、十月初二日、十月初九日，
康熙帝先后三次与大学士熊赐履探讨佛道

载有他这样一番话："汉唐以来，士人信从佛教者，往往有之。
皆其识见愚昧，中无所主，故为所惑耳。若萧自请出家，则又愚
之至矣。"在康熙帝看来，梁武帝萧衍放弃朝政四次出家，是不
懂天地之理的愚昧之举。

由于康熙帝认识到宗教过度发展有害无益，因此，康熙一朝
一直限制僧道人数的增加。清廷这样规定：僧人道士有定额，官
府给予度牒作为准许证，没有国家度牒之人不得为僧为道，私自

出家为僧道者要治罪。康熙四年（1665）八月，康熙帝专门下达谕旨，命令各省清查僧道尼姑有无度牒，同时清点登记各处寺院所住人数。对于没有度牒或藏匿之人，或遣回原籍，或依法议处。总之，康熙帝认为，僧道众多，不仅糜费钱粮，而且不利于社会稳定，因此，他不准增发僧道度牒，尽量限制沙门队伍。

二、"听其成僧自为僧"

康熙帝是一位清醒的政治家，是一位务实的君主，他既在一定程度上认识到过度尊崇佛老有害，又认为宗教并非几道命令就可禁绝的。而且，康熙帝强调为政以安静为本，宁人安民当然包括众多的僧侣在内。在《李光地年谱》中，载有康熙帝的一段谈话："程朱诸贤，以辟佛老为一大事。以朕观之，奉之者固非，辟之者益增其澜耳。"意思是说，对佛道二教，过于尊崇或过于打压都是不可取的。

《康熙起居注》记载，康熙帝曾就僧人道士问题向朝中大臣颁发了这样一道谕旨："朕但听其成僧自为僧，道自为道，守其成规而已，何必禁耶？"康熙帝认为，佛道二教"递传而降"，历经千百年的岁月，已是根深蒂固，无法禁绝，因此适度限制顺其自然便可以了。基于这样的认识，尽管康熙帝本人不好佛教，但出于稳定社会秩序、巩固清朝统治的政治需要，对佛教还是采取了相应的利用政策。

康熙帝在巡游天下四方时，时常为一些名寺古刹题写匾额碑文。譬如，康熙帝在巡幸江南时，赐天宁寺匾额"萧闲"，赐平山寺匾额"怡情"，到了金山寺，又御书"江天一览"。康熙帝

还多次游览盛京西山的圣感寺，其游寺墨迹"清宵梵呗，萧疏尽入寒空；向晓钟声，飒沓仍随秋雨"等语句，就是对佛寺景观的生

康熙御笔

动描写。据说，康熙帝为各地寺庙题名的匾额，数以千计。

纵观康熙一朝，没有朝廷特许一般不得建造寺庙，因此新建寺宇确实不多，但在康熙帝的支持下，重修和翻新的佛寺却是不少，而且大都留下御写碑文。《清凉山新志》载："康熙二十二年四月，特旨发帑金三千两，重修五座台顶。"其后又多次拨发款项，修建五台山上的寺庙。康熙帝先后写了《中台演教寺碑》《东台望海寺碑》《南台普济寺碑》《西台法雷寺碑》《北台灵应寺碑》等。在五台山上的这些碑文中，康熙帝以儒解佛、以儒入佛，用儒家仁、义、信、慈、谦、敬、静、理等概念来描述文殊菩萨，把佛教的品格附会于儒学的内涵，以为王道服务。

海天佛国普陀山上，也留有康熙帝的礼佛墨迹。康熙三十八年（1699），康熙帝南巡到杭州，为给皇太后祝禧，遣派使者前往普陀山，并带去大批银两资财，谕令重新整修普济寺大殿，而且还手书"普济群灵"寺额，隆重颁赐。

九华山上的甘露寺，康熙初年建造。据说动工之夕，满山松树皆滴甘露，故称"甘露寺"。康熙四十四年（1705），康熙帝南巡，三月回銮驻跸江宁府，御书"九华圣境"四字相赐。

康熙帝还在皇宫内设立藏传佛教活动专区，此事始于康熙

三十六年（1697）。中正殿位于紫禁城西北角建福宫花园南侧，这里原来是帝后在宫内从事道教活动的场所，康熙帝将其改为藏传佛教区，并在此设立了专门管理宫中藏传佛教的机构"中正殿念经处"。这表明藏传佛教已经成为清皇室精神上的一种需求，标志着藏传佛教在宫廷内的影响逐渐扩大，已经深入清朝皇家生活之中了。

三、"助王化之退宣"

康熙帝对西藏活佛的确认，以及在内蒙古多伦、避暑山庄建造皇家佛教寺庙，充分表明了他对佛教的政治利用。用康熙帝自己的话说，就是"助王化之退宣"。

清朝初期的顺治和康熙二帝，先后确认了藏传佛教中的达赖和班禅两大活佛。西藏佛教分为两大系统：一是以达赖为首，基地在拉萨的布达拉宫；二是以班禅为首，基地在日喀则的扎什伦布寺。顺治九年（1652），五世达赖在顺治帝的邀请下赴京，受到朝廷隆重接待——特为其修西黄寺，赏赐大量金银财物。次年，达赖因水土不服返藏。顺治帝设宴饯行，派人送去金册金印，敕封他为"西天大善自在佛所领天下释教普通瓦赤喇怛喇达赖喇嘛"。自此以后，达赖喇嘛的封号被正式确定。此后历世达赖转世，均须经中央政府册封，才为有效。清廷对班禅的敕封，则始于康熙。康熙四十八年（1709），因清政府废立六世达赖仓央嘉措引起波动，康熙帝为安定西藏人心，于康熙五十二年（1713）派员入藏，封五世班禅为"班禅额尔德尼"，并赐金印金册。康熙帝同时规定，班禅的转世和达赖转世一样，也需经中央批准方可有效，这成为定制，沿袭至今。顺治、康熙时期，有关达赖、班禅两位活佛的转世需经中央政府敕封这一制度的建立，对于巩固中央政权对西藏的统治起到了重要作用。

康熙帝在内蒙古多伦建造佛庙，也是出于政治考虑。康熙三十年（1691），康熙帝在内蒙古多伦召集内、外蒙古四十八家王公会盟，决定在这里建立一庙，取名汇宗寺。康熙帝把汇宗寺作为巡视蒙古会盟朝觐的场所，并以此为据点，谕令每一个部落都派一个喇嘛长期留驻这里。汇宗寺逐渐成为康熙帝团聚蒙古各部的纽带，成为清政府在蒙古地区的统治中心。康熙帝曾明确指出，在多伦建造佛庙，就是借以统一和控制蒙古各部，他说："盖四十八家，家各一僧，佛法无二，统之一宗而会其有极。归其有极，诸蒙古恪守候度，奔走来同，犹江汉朝宗于海。"汇宗寺为康熙帝强化对蒙古地区的统治确实起到了独特作用。

同样，承德避暑山庄的佛教寺院，也是康熙帝为政治所需而开始兴建的。康熙五十二年（1713），适逢康熙帝六十大寿，蒙古各部王公贵族齐集热河奏请建造佛寺，为皇上祝寿祈福。康熙帝出于笼络蒙古各部落首领的考虑，于是下令仿照多伦汇宗寺的先例，在避暑山庄修建了溥仁寺和溥善寺两座喇嘛教寺庙。其后，在乾隆朝又建造了6座寺庙。康乾时期在承德建造的这8座寺庙，由朝廷派驻喇嘛，并由掌管民族事务的理藩院发放饷银。当时，在北京和承德两地共有40座直属理藩院的庙宇，京城32座，承德8座，又因承德地处北京和长城以外，故称"外八庙"。应该说，康熙时期初建承德离宫和外八庙，具有很强的政治色彩，这里是康熙帝及其后诸帝联系和团结蒙古族、藏族等少数民族的最佳场所。正是出于这样的考量，避暑山庄的外八庙在建筑风格上，

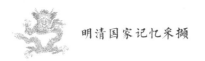

吸取了西藏、新疆、蒙古乃至江浙等地的建筑特点，反映了民族文化的交融。

　　纵观康熙帝的一生，虽然一直限制佛教的发展，其本人也始终不崇佛，但他以一个政治家和明智君主的眼光看到，佛教是有助王道的得力工具，因而又在限制的前提下，充分地利用了佛教，做到了适度地限制、有效地利用。康熙帝是中国历史上将皇权与佛教的关系处理得比较好的一个帝王。

康熙朝三次考核"卓异"的廉吏——于成龙

　　中国古代的"清官"或"好官"，其基本标准是秉持"清、慎、勤"的为官之道。康熙帝说："为官之人，不取非义之财，一心为国效力，即为好官。"又说："官员各有职掌，俱宜实心任事，洁己爱民，安辑地方，消弭盗贼。"（《康熙起居注》）康熙帝进而指出，有的官员操守虽清，但不能办事，大小公务，积年累月不能完结，"似此清官，亦何裨于国事乎"（《清圣祖实录》）。

　　为打造有效治国安邦的官员队伍，清朝对内外官员都有严格的考核制度。京官每三年考核一次，称为"京察"。地方官员也是每三年考核一次，称为"大计"。考核根据"四格"：一是操守，二是才能，三是政绩，四是年龄。地方官考核优异者称"卓异"，由督抚出具考评鉴定，吏部复核后安排引见，受皇帝召见后均加一级回任等候升迁，这称为"举"；有劣迹或病老者，呈报后候旨处分，称为"劾"；既不入举也不被劾的称职官员，称为"平等"。根据档案文献记载，大计考核为"卓异"是有定额的，道府州县官十五选一。而且，凡是考核"卓异"的官员，必须做到任职期限内无摊派、无滥刑、无盗案、无钱粮拖欠、无银米亏空，

于成龙像

且所辖境内百姓安居、地方治理日有起色。按规定，即便政绩突出、才能优异，但任职未满年限者、受处分革职留任者、病愈改为内用者，均不得举荐"卓异"。可见，三年一次的全国官员大考核，若能拿到"卓异"，实在是难上加难。然而，竟有康熙年间的于成龙，45岁才当上七品小县官，在此后20年的履职生涯中接连三次考核"卓异"。

于成龙，山西永宁人，历任知县、知州、知府、道员、按察使、布政使、巡抚、总督，最终挂上兵部尚书的官衔。这个于成龙，从七品芝麻官到从一品封疆大吏，为官足迹踏遍天南地北，所到之处皆有政声。尤其是始终清廉自守，多行善政，深得士民爱戴，成为大清朝三举"卓异"第一人。

一、广西罗城知县任上初举"卓异"

据《于清端公传》记载，明朝崇祯年间的副榜贡生于成龙，最早步入政途是在顺治十八年（1661），被选至广西柳州府的罗城县做知县，而且当上这个小官的时候已是45岁了。历史上，唐朝的柳宗元就曾被贬谪柳州。这个蛮荒流放之地，在于成龙上任时，刚刚归属清朝还不到两年，社会局势十分不稳，谁也不愿意到那里当县官。《清史稿》记载："罗城居万山中，盛瘴疠，瑶僮犷悍，初隶版籍。方兵后，遍地榛莽，县中居民仅六家，无城郭廨舍。"穷山、恶水、刁民，环境之险恶、条件之艰苦，超乎想象。在人们眼里，去那里做官比发配流放也好不到哪儿去。在于成龙之前，罗城的两任知县，一个病死任上，一个弃官而逃。而于成龙却不顾亲朋的阻拦，抛妻别子，骑驴就道，前往罗城赴任。

于成龙怀着"此行绝不以温饱为志，誓勿昧天理良心"的抱负，来到罗城。由于县衙只是三间破茅房，于成龙只得寄居关帝庙中，在院子里用土石垒了一个办公桌，每天蹲在地上吃饭。困境中，五名仆从不久或死或逃，而于成龙却以坚强的意志，扶病理事，艰难地迈开仕宦生涯的第一步。于成龙当时在给友人的信中说："万里惟余一身，生死莫能自主，夜枕刀卧，床头树二枪以自防。"

于成龙不仅在罗城扎下根来，后来还破格成为广西考核"卓异"的官员。说于成龙考核"卓异"是破格的，是因为当时的罗城极度贫穷，就算他再有能力，在赋税等方面也难以做到最佳，再加上他年龄偏大，这是很难举为"卓异"的。那么，于成龙是怎样干的呢？

于成龙首先采取"治乱世，用重典"的方法整顿社会治安。到任罗城后，他立即建立保甲，严惩各类案犯，大张旗鼓地"严禁盗贼"。境内初安后，又约会乡民练兵，准备讨伐经常扰害罗城的"柳城西乡贼"。在强大的声势下，西乡魁首请求讲和，所掳男女尽行退还。接着，于成龙又在全县搞联防，从此"邻盗"再不敢犯境。

在安定社会的同时，于成龙十分注意百姓生计。《清史列传》记载，"罗城在深山之间，瑶玲顽悍，成龙洁己爱民，建学官，创养济院，任事练达，堪列卓异"。在罗城这个穷乡僻壤，于成龙招募流民恢复生产，常常深入田间访问农事，奖勤劝惰。农闲时则带领百姓修民宅、建学校、筑城墙。对迁入新居的农家，于成龙还亲自为其题写楹联，以示鼓励。深得民心之后，于成龙又以刚柔并用的策略，解决了"数大姓负势不下"的问题，一向桀骜不驯的地方豪强"皆奉法唯谨"。

于成龙在罗城以实心行实政，秉持"一意与民休息"的理念，先后"革大耗，减盐引，编直保家，严禁盗贼"（道光《罗成县志》）。七个年头下来，终于使罗城摆脱混乱，得到治理，出现了百姓安居乐业的新气象。康熙六年（1667）天下官员大计考核，于成龙最初并没有被列入保举名单。当时的广西巡抚金光祖认为，罗城的民生社风能有今天，于成龙付出了太多心力。在他的力荐下，于成龙破格成为当年广西唯一的"卓异"。

二、湖广黄州同知任上再举"卓异"

于成龙在广西罗城考核卓异没多久，就因政绩突出升任四川合州的知州。走的那天，罗城县城的大街小巷全是送行的人。《郎潜纪闻》记载说："遮道呼号，追送数十里。"

合州为繁难之地，全州三县，正赋只有银十四五两，以往杂役繁重民不堪命。于成龙为了减少合州百姓的负担，首先削减自己的驺从之费，就是把按惯例由当地百姓出钱负担的知州所用车马侍从予以裁撤，只用自己的一匹老马。于成龙体恤生活困顿的百姓，还下令停止百姓给官府送鱼的陋规，陆续裁革扰累民间的事情十余项。特别是于成龙在合州招募流民垦荒，当地生产发展很快，田地开辟，人口骤增。时任四川巡抚张德在一封私人信函中充分肯定于成龙在合州的艰辛与实绩，说于成龙"驱冗役，却舆从",以清操毅力,使荒残冲瘠之地渐有起色。

于成龙在合州不到两年,就接到朝廷新的任命。康熙八年(1669),于成龙调任湖广黄州府任同知,比在合州又升了一级,级别是正五品。清朝初年,湖北省与湖南省合称湖广,历来有"湖广熟,天下足"的美誉。于成龙上任的黄州府,就位于湖北的东部,那里富庶繁华,人才辈出。

于成龙调任黄州,生活条件比过去好了,但新的难题又在等着他,那就是黄州一带盗匪甚多。明末清初之际,战争频繁,在改朝换代的复杂形势下,出现了很多地方武装组织。虽然到康熙初年,这些武装团伙名义上都已归顺朝廷,但仍多有不法。在黄州府岐亭镇一带,盗贼甚至白昼劫路伤命,严重影响了地方安定和百姓正常生活。于成龙上任之初,即坐镇岐亭治盗。为了摸清盗情和每一件重大盗案,于成龙常常扮作田夫、旅客甚至乞丐,到村落调查疑情。他还特意在衣内置一布袋,专放盗贼名单,"探袋中勾捕无不得"。对抓捕的案犯,于成龙主张慎刑,采取"宽严并治"和"以盗治盗"的方法,取得明显效果。

于成龙断案铁面无私,又善于从一些常人忽视的细节上发现问题的症结,审结了许多地方上的重大疑案、悬案,使不少错案得到平反,黄州百姓把他比作包公,呼为"于青天"。清代文学家蒲松龄在《聊斋》的《于中丞》一节中,就叙述了于成龙为民断案的两则美谈。

于成龙在黄州府同知任上由于政绩突出,深得湖广总督蔡毓荣的赞赏,在康熙八年(1669)第二次被举为"卓异"。此后,于成龙相继履任黄州知府、武昌知府、湖广下江陆道道员。

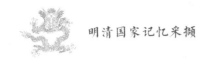

三、福建按察使任上三举"卓异"

康熙十七年（1678），于成龙升任福建按察使，主持闽省司法政务。于成龙刚刚上任就接手了一大堆令人惊悚的大案，大到什么程度？上千名罪犯等着被处决。这就是当时轰动一时的"通海案"。

所谓的通海案，简单地说，就是跟海上往来有关的案子。清朝初年，为了阻止以台湾作为根据地的郑成功反清复明，清政府下达禁海令，将闽粤沿海居民分两次往内地迁移100里不等，并禁止商民船只私自出海捕鱼，禁止海上贸易。有违禁者，不论官民，俱行正法。朝廷宁可多抓错杀，也要杜绝郑成功的后勤补给，可这种一刀切的办法，冤枉了很多只是为生计才出海捕鱼或做买卖的无辜百姓，以致通海案成堆。于成龙任职福建按察使后，仔细审阅通海案卷，发现每桩案子拟处极刑的竟达数十人或上百人之多，甚至殃及妇女孺子。于是，他坚决主张重审，对怕得罪朝廷而劝阻他的人说："皇天在上，人命至重，吾誓不能咸阿从事！"在于成龙的力争下，千余百姓免遭屠戮而获释，贫困不能归者还发给路费。这上千名已是死刑的百姓被无罪释放的时候，一个个忍不住跪地磕头，放声大哭。就这样，于成龙在福建上任伊始，就做了一件为民称颂的大好事。

看到于成龙以爱民之心力挽千人性命，曾经怕惹事而反对重审通海案件的福建巡抚吴兴祚深感汗颜，上疏向朝廷举荐，说"成龙执法决狱，不徇情面，屡申冤抑"。吴兴祚还谈到，于成龙给监狱囚犯加粮治病，赎回被掠良民子女数百口，属下馈送钱财一律回绝，真正做到了吏畏民怀，"为闽省廉能第一"（《于清端

《公传》）。

就这样，康熙十八年（1679），于成龙在福建按察使任职期间第三次被举"卓异"，并升任福建布政使。从此，于成龙接连得到朝廷破格重用。康熙十九年（1680）春，康熙帝特将于成龙调往京畿重地任直隶巡抚。第二年春天，康熙帝又在紫禁城召见，

《清圣祖实录》："尔为今时清官第一，殊属难得。"

当面称赞他为"今时清官第一，殊属难得"。康熙二十年（1681）于成龙再次被提拔出任两江总督，成为封疆大吏。康熙二十三年（1684），68岁的于成龙卒于两江总督任上。

在20多年的履职生涯中，于成龙的官职不断得到提升，可是清廉自奉的道德情操却一直在坚守。在直隶做巡抚，他"屑糠杂米为粥，与同仆共吃"。赴任两江总督，他不带随从，不住官府驿站，不受沿途官员迎送，仅骡车一辆，与幼子共乘。在两江总督任上，他依旧是"日食粗粝一盂，粥糜一匙，侑以青菜，终年不知肉味"。江南民众因而亲切地称他为"于青菜"。就这样，于成龙在历史上留下"天下廉吏第一"的美誉。

雍正帝告诫群臣"做实在好官"

雍正是清朝入关后的第三位皇帝。他的父亲康熙，晚年滋长了政宽事省的思想，处理朝政的原则是多一事不如少一事。由此，在官僚队伍中，虚诈、迎合、粉饰、浮夸等腐败之风严重泛滥。雍正刚一继位，便针对腐败衰颓之风进行了坚决的整治与清肃。他直截了当地告诉文武百官，"朕生平最憎虚诈二字"，"最恶虚名"。一"憎"一"恶"，鲜明地表达了他对虚伪、欺诈等腐败风气的批判态度。

清宫泥塑彩绘雍正像

一、"只可信一半"

在清代，官场上流行着一种陋习，各省文武官员刚刚到任时，几乎都是极力地述说当地的吏治如何的糟，等过了几个月，就一定奏报说，通过雷厉风行的整顿，情况已如何的好转，以此显示自己的才干和政绩。对这类奏报，雍正见得太多，都看得厌烦了，他毫不客气地指出："只可信一半。"

对大臣奏折中的浮夸成分，雍正总是毫不客气地指出，并进行尖锐的批评。雍正四年（1726）七月，巡视台湾的监察御史索琳上折说：台湾地方官兵严加操练，精益求精，可保海疆万载升平。看了这一言过其实的奏报，雍正警告说：凡事最重要的是务实，不欺不隐才算良吏，"粉饰、迎合、颂赞、套文陋习，万不可法"。主管河南、山东一带黄河河道的总督朱藻曾奉到雍正这样一则谕训：地方上一点小事，"何用如此夸张"，你的奏报往往是虚浮不实，"朕甚不取"，"一处不实，则事事难以为信也"。雍正告诫百官，虚假奏报将会失去皇上日后的信任。

浮夸粉饰，在有关雨雪水旱农业收成的奏章中问题尤其突出。雍正二年（1724），河南巡抚石文焯奏报说，全省各州县的蝗虫灾害已扑灭十之八九。雍正通过查问河南的其他官员，察觉到石文焯的奏报不是实情，于是尖锐地批评石文焯说：如果不是你在欺骗皇上，就是你本人被下属欺骗了！可是，这个石文焯老毛病难改，他调任甘肃巡抚之后，依旧故伎重演。雍正四年（1726）夏天，甘肃大旱，七月下了一场小雨，石文焯赶紧奏报说：已是丰收在望，这都是皇上敬天爱民的结果。雍正看了很不耐烦，挥笔批道："经此一旱，何得可望丰收？似此粉饰之言，朕实厌观。"

雍正对笼统含糊的奏章也不放过。雍正十年（1732）四月，直隶总督刘于义奏报说，所属地方三月份雨水充足。雍正览后批评他"所奏甚属含糊"，"不明不实"，指示他日后将各州县雨水情况细加分别上报，不可一笔糊涂账。同年闰五月，江西巡抚谢旻有两个折子，一个说冬雪颇足，春雨亦调；一个说麦收情况

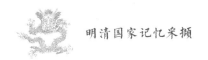

不如往年。雍正仔细看过批复道：既然雨水一直充足，麦收为何减产，二者必有一处不实，着明白回奏。

二、怒斥"附和"与"迎合"

康熙晚年，朝中大员官僚习气相当严重，身居高位却饱食终日无所用心，对皇帝指令商议的事件往往一味附和，并不拿出主见，皇帝很难看到直言详议、据理力争的场面。雍正即位不久就颁发谕旨，毫不客气地指出：现今朝中九卿大员坐班，每当商议事件，往往是"彼此推诿，不发一言"，有的假装打瞌睡，有的海阔天空地闲谈，等到需要拿出主意的时候，便鼓动一两个新来的科道官员发言表态，然后大家便"群相附和，以图塞责"。似此朝臣议事，何益之有？雍正指令朝中重臣，商议事件时务要各抒己见，不得观望附和。雍正四年（1726）六月的一天，雍正将在京的文武大员召至勤政殿，训谕说：现查朝臣所议定事件，大多并不合情理，究其原因，不外乎"议事理中各怀私心"，其身为王子者，以现有众臣，我等不必先说；那些刚提升的大臣，又以现有老臣，何需我等班门弄斧而闭口不言；而资历深厚的老臣，深知枪打出头鸟，自己不拿意见，最后还落得个"从公议论"尊重别人的美名。为彻底改变这种劣习，雍正宣布，即日起将议事王大臣分为三班，凡遇应议之事，分头酌议，每人都拿出自己的意见；如果所议意见一致，就照这一意见定稿启奏；若是意见不完全一样，由诸位大臣另行商议。"如此，不但不致互相推诿，而且亦各能出其主见"。雍正试图建立一种分班议事制度，让议事者不得不言，从而使投机者失去附和的机会。

对臣工奏折中肉麻的称颂和不着边际的套话,雍正十分反感。山东兖州知府吴关杰曾奉到一道谕旨,内容是令他实心任事,为政勤慎。吴关杰把皇上的谕旨奉为至宝,先是"悬挂堂中",朝夕瞻仰,后来又找工匠把谕训刻在府衙大堂的屏门上。他把自己如何尊奉圣旨的举动详细奏报,说如此"时凛天颜于咫尺,勿忘圣训于须臾,触目惊心,甚为有益",极力想以此博得皇上的欢心。吴关杰甚至还请皇上命令各省文武官员,一律在大小衙门的屏门上刊刻谕旨,使圣旨高悬,举目皆是。雍正当即给吴关杰泼了一瓢冷水,教训他:你本不是什么超群之才,料理好你分内的事就足可以了,"此等迎合之举皆不必","此等多事朕皆不喜"。雍正二年(1724)二月,广东巡抚年希尧奉到雍正一道口传谕令,教导他如何治理地方,年希尧写折子奏谢说,皇上所颁谕旨不仅周详备至,而且料事如神。雍正看后批道:"写来套话,何常(尝)有一句你心里的话。"雍正十年(1732)四月,署陕西巡抚马尔泰奏报地方雨雪情形,说仰赖皇上洪福,今春风调雨顺。雍正用朱笔在"洪福"二字旁画了一道线,批道:仰赖洪福,这类套话实在没味,朕已再三告诫内外百官不要做迎合虚文,已是口干舌燥了,你竟仍务此道,难道没长耳目吗?

　　雍正朝有个敢讲真话的御史叫李元直,雍正对他很赏识。一次,李元直递上一道奏折,他说:现今一些大臣为保全官位一味迎合,皇上认为可以,没有一个敢说不可以;皇上若认为不可以,则没有一个敢说可以。李元直进而直言,这种陋习在中央六部随处可见。讲这样的话,固然要有胆量,而听的人却更需要胸怀。雍正认为李元直"真实任事",说中了要害,把他召入内廷面谈,还赏赐荔枝,鼓励他以后仍要"尽言毋惧"。

三、"做实在好官"

实心任事，是雍正对内外百官的根本要求，他颁谕给各省封疆大臣说：朕望天下总督、巡抚大员，"屏弃虚文，敦尚实政"。雍正二年（1724），福建巡抚黄国材在一件奏折内表示要"实力奉行"，雍正在这四字旁批道："全在此四字。"雍正三年（1725），在给江苏巡抚张楷的一条朱谕中，雍正谈到：为官者要有所作为，"惟以实心行实政，重公忘私，将国事如身事办理"。在安徽按察使祖秉圭的一件谢恩折上，雍正更是直言训导，要他"做实在好官"。

雍正还为文武百官树立起"公忠诚勤，实心任事"的楷模。

他所赏识的几位重臣，如田文镜、鄂尔泰、李卫等，都是以直言不讳、据实办事而得到特殊信任和格外擢用的。田文镜本是一个官位不高的内阁侍读学士，他引起雍正重视，是在雍正元年（1723）祭告华山回京复命时，他在皇帝面前把山西全省闹灾荒财政亏欠的情形一一如实奏报，雍正认为该员"直言无隐"，"若非忠国爱民之人，何能如此"？遂加重用，调其任山西布政使。在以后的几年时间里，其官职累

雍正帝朱批："用心做好官，操守要紧。"

迁。田文镜受宠而不迎合，凡事直言，更被雍正看中。主管滇黔桂三省军政要务的总督鄂尔泰，也是以"不计一身利害，大公忘我，致身于国"而得到雍正重用的。雍正告诫臣工，鄂尔泰之所以深受朝廷器重，是因为他忠公务实，这是根本，要学就学他这一点。深得雍正信任的浙江总督李卫，以严猛著称，他不苟同于官场积习，勇于任事，不徇私情，不避权贵，得罪了不少大官。这些人联名向雍正告状，雍正却说：李卫"粗率狂纵，人所共知"，但他却是"刚正之人"，朕赏识李卫，就是因为他操守廉洁，实心任事。

雍正帝箴言："说得一丈，不如行得一尺"

清代臣工奏事，分为折奏和面奏两种。奏折是清代特有的官方文书。它始行于康熙二十年（1681）前后，当时还只限于极少数亲信官员使用，是君臣之间的一种机密通信文书。到雍正时，奏折就作为大臣普遍使用的向皇上奏事进言的重要官文书，并逐渐确定下来。雍正皇帝几乎每天都要审批数以万字的奏折，他自己就曾说："各省文武官员之奏折，一日之间，尝至二三十件，多或至五六十件不等，皆朕亲自览阅批发，

雍正帝御笔

从无留滞，无一人赞襄于左右。"奏折成为雍正了解天下吏治民生的重要途径。

一、没事找事奏报是耍小聪明

清朝文武大员具呈奏折，都是专门派家人或属员赴京，直接

送达宫门。一个官员，一年究竟应该奏报几次合适呢？雍正在给陕西宁夏道鄂昌的一条朱批中，曾这样明确指示：遇有应该呈报的事情，就是在一个月内连奏几次也无妨；如果没有什么可奏报的，哪怕是几年没有折子送来，朕也不会怪罪你的。

雍正二年（1724）二月，云南曲寻武沾总兵杨鲲有折子谈到，日前在京陛见时奉旨，恩准每年用密折奏报两次，现谨派人送折子一次。雍正在批复中纠正道：并没有限定你每年一定两次，有要奏报的事，怎可拘于两次而不报；平安无事，何必非要凑够两次做什么。同年闰四月，主管漕粮运输事务的总督张大有请求，希望朝廷准许动用驿站马匹奏报漕运事务。雍正答复他：若有要紧奏折，可乘驿马送来；一般寻常的奏报，像某船经过某闸之类，不但不应当骑驿马，而且可以免去不奏。

有的官员无事找事，频繁上奏，用意是与皇上联络感情，讨好皇上，雍正对这种怀有投机心理的官员常常予以斥责。雍正三年（1725）二月，广东巡抚年希尧具呈三件折子，雍正看后发现，折内所谈之事早就曾经上报各部了，遂批道：已经报到部里的事，又何必多此一奏？是不是你广东省内没事可报而又非找事上奏才好？这么远的路途，专门派人送来这等无用奏折，不知你用心何在？

雍正认为，一件奏折，臣工缮

雍正帝朱批："朕就是这样汉子。"

写和皇上批阅都要耗费时间，递送人员一路往返费用也很大，因此没有必要的奏报实在是有害无益。尽管雍正很器重田文镜，但也曾因奏折过多而责怪他："你差人奏折特勤了，何必费此无益盘缠，况朕日理万机，亦觉烦琐。"

葛森是雍正做皇子时的藩邸旧臣，算是雍正的亲信。他在贵州当布政使时，也因奏折太多而受到雍正的责难：路途这样远，若没有什么必奏不可的事，就不要徒劳往返了，如果把不时呈报密折，作为"挟制上司、恐吓属员之举，尤其不可"，这不过是"倚仗小才技，弄聪明，非长策也"。

二、若能实力奉行胜过来陛见十次

雍正不仅要求百官减免不必要的折奏，对陛见面奏控制得也很严。雍正三年（1725）十月，贵州巡抚石礼哈奏请陛见，希望当面奏报地方事务，聆听训旨，雍正批示："道路甚远，不必无益之往来。便再来陛见，亦不过朕批来之旨教勉你耳。若能实力遵行，胜来陛见十次也。"同样的批示，还见于雍正八年（1730）正月湖广襄阳总兵杨鹏奏请陛见的折子上："你若能恪尽职守，遵朕训谕，实力奉行，凡所见所闻据实入奏，不欺不隐，比起千里迢迢来京见朕行套礼不知要强多少倍了。"

一次，新任湖广提督张正兴请求陛见，雍正批谕：你刚刚到任不久，临行前朕已谆谆训谕，还有什么可说的？"若不能心领实力奉行，便频来陛见，何益之有！"

雍正帝对广东布政使甘汝来奏请进京陛见的批评更为尖锐，他说：所奏实属无知，"朕指示汝莫务虚名，莫务小惠"，"实力实心，勇往办事"，此类谕旨已是多次，你不实力遵行，而总是请求觐见图虚荣，如此"来往万余里，旷职奔走道途，实不解汝是何意见"。这里，雍正强调的是，臣工不当把心思放在与皇上见面上，重要的是不欺不隐，实心办事。

雍正就是这样，他考察百官重的是行，而不是言。他所关注的是文武大员们是否实实在在地干事，而绝不在于报告打得是否勤，说的是否动听悦耳，用雍正自己的话说就是："只务实行，不在章奏"，"说得一丈，不如行得一尺"。

三、报喜更要报忧

雍正认为，地方情况如实上达，是朝廷制定治国安邦行政措施的重要依据。关于这点，他曾对湖南巡抚王国栋说：朕就是有神仙一样的本事，也不过是根据你们这些地方大吏奏报的情况来料理决断。因此，他反复告诫内外百官，务必据实上奏言事，万万不可隐饰。雍正二年（1724）二月，新任江西布政使常德寿在赴任前夕进宫陛见，雍正当面训导他："你到江西要实心任事，洁己奉公，一毫不欺，凡事据实奏闻，务使有益于地方民生。"雍正六年（1728）六月，江南崇明水师总兵林秀奏报地方米价等事，雍正在批复中叮嘱道："一切奏陈，务宜据实无隐，不可丝毫虚饰，以蹈欺蔽之咎。"

雍正警告臣工，如果奏报的不是真实情况，实在是有害无益。他在广西巡抚金烘的一件奏折上批示：凡所奏事宜，不可有一字欺骗隐瞒，一点儿都不能粉饰含糊。他尤恐这样说还强调得不够，又晓谕道："切记之，事情无论巨细，但务一据实不隐。"雍正接着谈到，地方百官都能如实奏报了，当皇上的才能倚赖不疑，这样就是诸臣没有折子送来，朕也放心。不然的话，不知道你们隐瞒了什么事没有报，也不知道你们奏报上来的又是怎样粉饰的，则朕没有一时一刻不在忧虑了，这不是爱朕，"正所谓苦朕之举"。

封建官场报喜容易报忧难。雍正要了解天下真实情况，对报喜亦报忧、敢讲逆耳忠言者多加褒奖。自雍正元年（1723）开始，翰林院检讨孙嘉淦屡次上书皇上，直言时政弊端、君王过错，甚至弹劾皇亲。雍正公开表示"服其胆"，对朝中九卿大员说：朕即位以来，孙嘉淦凡遇国事总是直言极谏，毫无顾虑，朕不但不怪责他，反而一再加恩，朕就是鼓励众臣直言。

雍正年间，署理四川、陕西两省军政要务的总督岳钟琪，就因为"报忧"而多次受到雍正的夸奖。雍正三年（1725）五月，岳钟琪将他四月间自西宁起程前往平凉沿途所见地方少雨情形奏报，雍正夸赞道："凡地方事情，皆如此据实不加丝毫隐饰方合朕意。朕所望内外大臣者，即此一真字耳。"贪官污吏压榨百姓的惯用手法就是摊派克扣，岳钟琪将川陕两省乱摊乱派的名目进行综合，共有三十多项，他把这一情况如实奏报朝廷。雍正夸赞岳钟琪毫不护短，一片苦心，朱笔批示"此奏甚属公诚"。

雍正帝"去庸人而用才干"

雍正帝认为，"治天下之道惟用人，除此皆末节也"。他在选拔任用内外百官的问题上，除首先考察是否清正廉洁、公忠勤慎外，还形成了一套重实际、求高效的用人风格。

雍正帝西洋假发像

一、清除平庸的"木偶"

雍正帝指出，当官的若是不干事或干不了事，人品再好，也不过像个"木偶"，是个摆设，起不到治世安民的作用。雍正帝曾把守国法、无过错的官员分为两类，一种是听话顺从但平庸无为之辈；另一种是有才干、有主见但不免常有不同意见的人。在这两者之间，雍正帝的态度十分明确："去庸人而用才干。"

雍正帝认为，为官者干不出成绩，不能有所作为，这本身就是失职。他说："庸碌安分、洁己沽名之人，驾驭虽然省力，恐误事。"湖南巡抚王国栋，当官十几载，虽然清廉勤慎，但在才识方面却很平常，在地方上无所作为，于是被雍正帝调换。云南开化总兵仇元正，人本老实，也没有什么过失，但因年过花甲，不免疏懒，办理公事勉强支持，营伍虽不致荒废，却也很难振作。雍正帝了解这一情况后，立即勒令仇元正休致，另换精明强干之员。直隶吴桥知县常三乐，廉洁安分，也没有什么出格的事，但他胆小软弱，以致地方好多事久拖不决，很难有起色。为此，直隶巡抚李维钧要把常三乐调走，吏部却认为他没有什么劣迹而不予批准。雍正帝得知这件事，毫不含糊地指出：常三乐当官软弱，实属失职，应当免去官职。山东曹县知县王锡玠，在到任后一年多的时间里，对20多起命盗案件没有审完一件，也没有拿获一名人犯，虽然没有什么贪赃枉法之事，但雍正帝认为不干事本身就是失职犯罪，不仅摘掉了他的乌纱帽，还让他坐了五年的大牢。看来，在雍正帝手下，平庸无为的人是难以混下去的。

雍正帝清除庸官毫不手软的同时，倍加爱惜有才干的人。他常对文武大臣讲，凡是有些真才实学的人，因为有才识、有主见而敢于顶撞，难以驾驭，这些人也有恃才傲物、不拘小节的毛病，但治理国家最终要靠这样的人，对他们应当爱惜、教诲，而决不能因为见解不同就抛弃不用，甚至加以迫害、摧残。

二、"未有先学养子而后方嫁"

为了造就一支高效的官吏队伍，雍正帝命令文武百官荐举人才。可是有的官员嫉贤妒能，以还没有全面了解为托词，拒绝推举他人。雍正帝斥责说：若一定等全面看透才推举，那么天下就没有可举荐的人了！他曾对广东总督阿克敦说：用人选官不能先有成见，以前不行的，经过努力改进，可能就行了；以前行的，若是骄傲起来，也就不行了。雍正帝大批选拔新人，保守势力反对，说这些新人经验不足。对此，雍正帝多次形象地比喻说："未有先学养子而后方嫁。"此话出自四书中的《大学》，意思是说，经验不足完全可以在实践中学习。

因才用人，力求使官员的才识能力与其职务相当，这是雍正帝的一贯主张。他认为，政有缓急难易，人有强柔短长。用违其才，虽能者也难以效力，虽贤者或致误公；用当其可，则为官者各施所长，政无废事。江苏人惠士奇，才学出众，12岁就作得一手好诗，后来考中进士，朝廷派他到广东担任学政。他在地方主持科举考试"一文不取"，这在当时的考官中实在是难能可贵，因此他以清正廉洁闻名于岭南。对这样官声颇好的有德之员，如何提拔晋升，雍正帝命两广总督杨琳详加考察，因才致用。杨琳奏报说，惠士奇的特长在于司文弄墨，至于行政吏治则显得能力不足。据此，雍正帝将惠士奇召回京师，迁升翰林院侍讲学士，专掌论撰文史之事。

雍正帝任用官员从实际出发，注重操守才识与实际需要，而不拘泥于已有成例。清朝用人原有资格、出身的规定，以及旗人、汉人的界限。按定制，在中央各部同一级的官员中，满员地位高于汉员。雍正帝却不拘满、汉界限，谕命将兼管吏部、户部事务的汉人大学士张廷玉的班位，排在另一兼管部务

雍正印：为君难

的满人公爵傅尔丹之上。雍正四年（1726），陕西三边地方的驻防军队中出现职务空缺，该省一时又没有合适人选，川陕总督岳钟琪上奏说，四川武职官员中多有屡经战阵堪任要职者，但按制度不能隔省调用，所以不敢越例调动。雍正帝指示他"不必拘例"，并说如果"部议不准，朕可特旨允行"。

雍正帝对地方上的督抚大员反复强调，要大胆选用有才干的人，不能循规蹈矩。他对湖广总督杨宗仁说，如果遇到有作为的贤能之员，就要破格提拔，不要按资历升转。对曾特任河南山东总督的宠臣田文镜也谈道：朕从来用人，不是全看资格，有时即使官阶级别悬殊较大，也是无妨的。更对广东总督郝玉麟讲，在用人问题上，"万不可拘泥一法一策也"。

三、只知遵旨乃是"为自己做官"

雍正作为一个务实的皇帝，常常训导臣工要灵活用谕，因时因事贯彻朝廷旨令，而不可一味迎合，生搬硬套。他强调处理政务一定要"因地制宜，化裁取当"。登基后的第一年，雍正帝就命天下文武大员以求实的态度对待钦颁谕旨。他说：朕一个人所思所想很难周密，况且天下各地情况不一，因此，对平时所颁布的上谕，如果有与本地方本衙门不够允协妥当的地方，可以便宜行事，灵活执行，只要把其中的情由如实上报就可以了。

雍正帝甚至要求内外大吏，不要因为朝廷的谕旨而影响了自己的主见。这一点，他在给湖北巡抚马会伯的亲笔手谕上说得十分明白：朕平时颁发的谕旨，都是根据不同的人、不同的事而下达的，有的适合这里却不适合那里，有的在这里可行在那里就不可行。因此，他要求文武百官不能"随朕一时谕他人之谕，来惑自己主见"，并进而指出，只有秉公报国，才会有"根本主见"。

雍正帝早就发现，有些地方官员凡事都要请皇上指示一番，自己不拿主意，只看皇上的脸色说话，听皇上的口气行事，没有明确指令宁可等待也不动手。对于这种现象，雍正帝一针见血地指出：这些人实际是在推卸责任，为自己留后路。雍正后期，清廷连续六年在西北用兵，讨伐叛乱的准噶尔部首领，当时的军事统帅岳钟琪曾就如何进军用兵等问题请示皇上。雍正帝严厉批评他说：朕在数千里之外，怎知道当地具体情况，这都是你大将军因时因地酌情办理之事，朕怎么可能神机妙算给你下命令呢？

雍正帝认为，凡事不考虑本地实际情况，只知道遵旨而行，并不一定就是好官，相反，这样的人往往是私心作怪。云贵总督鄂尔泰对不完全适合本地情况的谕旨敢于变通执行，提出不同意见，雍正帝称赞他说："鄂尔泰是为国家做官。"而云南巡抚沈廷正则一味迎合谕旨，雍正帝严厉斥责他："沈廷正乃为沈廷正做官。"

雍正帝对中央部院书吏的严格管理

所谓书吏，是中央与地方衙门中，专门负责文书处理与档案收存人员的总称。他们多是科举落第的知识分子，虽无官的名分，却行使着官员的部分职权。雍正帝即位前在藩邸四十余年，对官衙书吏的积弊深为知悉。康熙帝晚年，"政宽事省""无为而治"。诸多官僚作威作福、腐化愚昧、不视政事，只依靠幕友和书吏办事，以致吏治废弛败坏，各衙门书吏"人多庸猥，例罕完善，甚至挟私诬罔，贿赂行文"（章学诚《文史通义》）。当时的官衙书吏

雍正帝读书像

以砚为田，"舞文弄法，招摇撞骗，包揽词讼，侵欺钱粮"，"平民畏其本官庇护，不敢控告"（《钦定大清会典事例》）。据载，康熙末年，一个漕运坐粮厅的书吏，利用掌管文书的权力勒索运丁，不到 10 年就贪污 40 余万两银子，户部堂司书吏有百余人，接受办草豆商人的"馈送"，几年间便得银 70 万两。有些书吏甚至公然盗取、改易、焚

毁档案文件。对书吏队伍中的这种腐败情弊，雍正帝曾尖锐地指出，官衙书吏"一尘不染者仅一二人而已"（《清世宗实录》），已严重败坏和妨碍国家的行政。因此，在他即位后，针对部院衙门的书吏进行全面清理整肃。

一、谕令革除"部费"

"部费"是中央部院的书吏向地方公开索要各种小费的俗称，上下皆知，公然行之。以兵部为例，据档案载，仅陕西兴汉镇（今隶属于安康市）的兵丁，每年就要摊派凑银 300 两，作为到部办事之用，其中庆贺表笺诸事每年送部费 40 两，呈报册籍诸事每年送银 24 两，这些已成定例。

雍正帝了解到这一情况后，于雍正八年（1730）三月颁谕指出：兴汉一处如此，则各省与此处相类者亦必不少；兵部书吏如此，则其他部院衙门收取部费者亦定是大有人在。"此皆内外胥吏等彼此串通，巧立名色，借端科派，以饱私囊。""着通告各省营伍，若有似此陋规，即严行禁革。如部科书吏人等仍前需索，或于文移册籍中故意搜求，着该管大臣等具折参奏。"（《雍正朝汉文谕旨汇编》）

二、严禁需索讹诈

刑部衙门专司刑名，人命攸关，"部中奸滑胥役，得以操纵其事，暗地招摇"。收到好处费的，则援引轻例，有的甚至将地方督抚的补参咨文沉压下来，暗中潜消其案，求得大事化小，小事化了；

没有收到好处费的，虽然督抚声明情有可原，应予宽免，其胥役仍欺隐蒙混，不准邀免。这样，刑部胥役几乎把持了这类补参案件，其标准就是以是否收到好处费来定能否宽免。为根除这一腐败弊端，雍正帝颁谕：嗣后三法司会议案件，凡有行令补参者，督抚咨文到部，其或处或免作何完结之后，令刑部知会画题衙门，公同刷卷，"如此，则胥役不得萌逞故智上下其手矣"（《雍正朝汉文谕旨汇编》）。

就刑部书吏的勒索舞弊问题，监察御史耿大烈在雍正十一年（1733）三月十七日具呈的一道奏折中谈到：充军流放人犯，例可赎罪者，由刑部查明所犯情由奏闻，请旨定夺。然而，刑部"不法书吏竟敢任意作奸，或称具呈有费，批呈有费，以及查对原案具奏先后迟速之间，百计勒索讹诈"（《雍正朝汉文朱批奏折汇编》）。雍正帝据耿大烈所奏，指令刑部各官"严禁书吏，不得借端需索"。

三、书吏不得主稿

书吏作弊，还往往在援引案例上做文章。清朝刑罚，律无明文的多比照旧案。由于例案多变，办案人员可以随意比附，而且借此还可以推卸责任，于是书吏便往往从私利出发，断章取义。蒋良骐《东华录》载，雍正朝刑部书吏在查阅文书档案提供例案时，"往往删去前后文词，止摘中间数语，即以所断之罪承之。甚有求其仿佛比照定议者，或避轻就重，或避重就轻，高下其手，率由此起"。

针对这种情弊，雍正十一年（1733）三月，刑部右侍郎觉河图具折指出，刑部衙门责任重大，一切"稿案"自应由司员主稿，不得假手书吏，致滋弊端。在实际办案过程中，常常是司员酌定主意，而叙稿成文却出于书吏之手，致使书吏得以舞文弄弊，作奸犯科。为此，觉河图奏请"嗣后各司一应档案，仍令各司主事稽查"，满汉各官"亲自主稿"（《宫中档雍正朝奏折》）。雍正帝对此表示赞同，谕令照其所请实行。

四、严防增删案卷

清初旧例，各部院衙门司官升迁调转，其所掌管的案卷新旧交接时，一般是在案卷的封面上注明司官姓名，接缝处或标"封"字，或用司印，没有统一的规定。制度上的漏洞，给掌管案卷的书吏进行徇私舞弊提供了机会，常有增删案卷的事情发生。

雍正帝就此于元年（1723）三月颁谕各部院衙门："收贮案卷，封禁虽严，而翻阅查对，不能脱书吏之手，盗取文移，改易字迹，百弊丛生，莫可究诘。嗣后司官迁转，将所掌卷案新旧交盘，各具甘结，说堂存案。"一个月后，雍正帝又进一步指令：各衙门案卷，"有添写处，亦用堂印。并设立印簿，开明年月、用印数目、用印司官姓名。如此，则无腾那（通'挪'）之敝，卷案亦按

雍正帝谕令：各衙门案卷凡有增删添写处皆用堂印（雍正元年四月十六日）

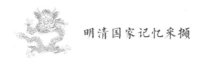

簿可查。传谕各衙门一体遵行"（《雍正朝汉文谕旨汇编》）。此谕令从制度层面上严格约束了管理档案的吏员。

五、禁止书吏馈送

雍正帝认为书吏"狡猾性成，或以小忠小信趋奉本官，得其欢心"。为此，他严禁各部院司官书吏向堂官馈赠送礼。

雍正十年（1732）九月二十六日，雍正召见各部尚书、侍郎，当面指出："部院事务，每有本衙门堂官为司官书吏所蒙蔽，不能尽知。"同时更谈到，各部院的司官书吏为往上爬，往往向堂官送礼，他说："即使所馈无多，而一经收受，则举劾之际，不无瞻徇牵制。如其人果属可举，而曾经收受馈遗，则虽公亦私，转滋物议；如系不堪之人，因平日受馈，情面难却，或姑为容留，或滥行举荐，必致贻误公事，有违国家澄清吏治之大典。"（《雍正朝汉文谕旨汇编》）因此，雍正帝明令禁止部院堂官收受司官书吏的馈送。

雍正帝谕令：严禁部院堂官收受所属书吏馈送（雍正十年九月二十六日）

六、禁止长期任职

雍正帝注意到，在各部院供职的书吏，时间一长，便会在衙门内、在京城结下关系网，容易徇私作弊。为此，他规定，部院衙门的书吏必须五年一换，期满不得再留。

上有禁令，下有对策。书吏们不能在本衙门继续留职，"役满之后，每复改换姓名，窜入别部，舞文作弊"。有的则"盘踞都中，呼朋引类，遇事生风，影射撞骗，靡所不为"。有鉴于此，雍正帝又多次颁发谕旨，查拿这类书吏。他命令"都察院饬五城坊官严查访缉，其有潜匿京师及附京州县者，该地方官定以失察处分。有能拿获者，以名数多寡，分别议叙"，"严禁缺主、挂名、冒籍、顶替"之徒混充官衙书吏（《雍正朝汉文谕旨汇编》）。他还指示，把这一谕令"载入钦定条例"，永远遵行。由于雍正帝对中央机关书吏的大力整顿，"奸徒渐知敛迹，部务得以整齐"。乾隆帝登基后，还特地重申，沿用其父这套管束书吏的办法。

总的来说，雍正帝对中央部院官衙书吏的管理和防范是严格和有效的。对书吏队伍中的种种情弊，他做到了一经发现立即处理，并为此建立了一套相应的管理制度。然而，封建官僚机构固有的腐朽性，决定了其衙门内的书吏积弊不可能根除。雍正帝虽对书吏大力整饬，其收效终究是有限的。

雍正帝对台湾官员的任用与管理

作为"台湾文献史料出版工程"项目之一，中国第一历史档案馆与海峡两岸出版交流中心共同整理出版了《明清宫藏台湾档案汇编》。全书230册，辑录明清两朝台湾问题档案16000余件，按编年体例影印出版。这些档案记载了明清中央政府管辖和治理台湾的真实情况，全面反映了明清时代台湾的历史变迁和所发生的一系列重大历史事件，具有重要的史料价值。

台湾为海疆重地。雍正帝强调，"台湾是要紧地方"。为打造有效治理台湾的官员队伍，他推出了一系列重要举措。根据清宫档案，我们看看雍正帝对台湾官员是如何任用与管理的。

一、严格选用台湾文武官员：
务求出色、确保强干

雍正一朝，台湾文武"俱就内地出色之员选补"。雍正帝深感："台湾地

雍正帝朝服像

方险要，人众冗杂，又隔两重大洋，紧要之事，地方文武不能待上司之批行斟酌，即须先行办理，万一不妥即累地方，即令更改已在数月半年之后，故得人尤为吃紧。"为此，他要求"台地各员，俱就内地选择精明强干熟悉风土者调补"（《宫中档雍正朝奏折》）。譬如，雍正六年（1728）四月，新任台湾总兵王郡赴台经过省城，福建总督高其倬见其有才，拟作水师提督之用。雍正帝批示："台湾之任紧要，且动不得。"（《雍正朝汉文朱批奏折汇编》）同年，台湾道出缺，雍正帝经仔细甄选，命内地贤员署福建按察使孙国玺赴台接任。十年（1732），闽省水师提督许良彬病故，总督郝玉麟拟以台湾地方官员苏明良补授。雍正帝批复："苏明良去得。但台湾甫定，目今此任更为紧要。"（《宫中档雍正朝奏折》）命郝玉麟另行物色水师提督人选。雍正帝不惜以提督之才委用台湾总兵之任，以一省臬司大员调补台湾道员之缺，而且还觉得十分值得，表明了他对台湾的重视。

雍正帝还委派官员赴台实习预用。台湾远隔重洋，官员每有升迁离任，新委派的官员往往不能立即赶到，以致官缺虚悬。巡台御史赫硕色、夏之芳于雍正七年（1729）三月奏道："似此海疆重地，难容一日无官。"与其出缺临时委署，不如预行派员实习，请由总督、巡抚挑选老成廉干者，预发一二人驻台，无事则熟悉地方人情风土，有事即听道、府委派协办，遇有缺出，可即着署理任用。雍正帝谕令福建总督高其倬照此办理。

二、对台湾各官勤加训导劝诫：要紧、据实、和衷

雍正帝要求在台各官务必认识到台湾海疆的重要性及其职责

雍正帝在养心殿告诫新任台湾游击蔡征温：
"台湾是要紧地方，你用心替朕出力。"

的重大。雍正元年（1723）六月，他任命皇宫侍卫蔡征温为台湾游击。蔡征温临行前，雍正帝在养心殿召见，郑重告诫他说："台湾是要紧地方，你用心替朕出力，不可负朕委用你的意思。"（《雍正朝汉文朱批奏折汇编》）

当高其倬调任福建总督时，雍正帝特地嘱咐他："台湾地方紧要"，"尔到闽省加意料理，务使可以放心方为妥协。"雍正五年（1727）七月，高其倬将到任后料理台湾事务情形奏报，雍正帝再次向他强调："闽省未要于理台之事者"，命他"再当留心访察博采"（《宫中档雍正朝奏折》）。雍正帝反复提醒，台湾地方紧要，台湾事务重要，这类训导，屡见不鲜。

雍正帝要求在台臣工务须据实无隐，以确保台地实情上达，为朝廷制定相应的治台措施和任免调用有关官员提供准确的依据。雍正四年（1726）七月，巡台御史索琳、汪继景上折说：台地官兵操练精益求精，可保海疆万载升平。看了这一言过其实的奏报，雍正帝警告说："凡事务实为要，况君臣之分惟以忠诚无隐为主，粉饰、迎合、颂赞、套文陋习，万不可法。"（《雍正朝汉文朱批奏折汇编》）

雍正帝反复告诫台湾各官，"和衷二字第一紧要""只务文武和衷，莫论内外"，万万不可互结朋党，排斥异己。雍正三年（1725），有关台湾官员不能协调共事的消息传到朝廷，雍正帝手谕巡台御史禅济布、景考祥："朕风闻得尔台湾文武不合，诸事异见，恐与地方无益，兵民受累。朕为此甚忧之。有则改，无则免。朕若访闻的确，尔等当不起也。"（《宫中档雍正朝奏折》）

三、对在台文武官员多方笼络：赏赐、召见、重用

雍正帝频繁赏赐在台官员。据清宫档案记载，几乎每一任巡台御史及台湾大小官员，都不时收到雍正帝钦赏的物品。雍正元年（1723）六月，皇宫侍卫蔡征温在赴任台湾游击时，雍正帝叫他到台传话："台湾总兵官蓝廷珍征打台湾，留心地方，很替朕出过力，朕心里甚记挂他……如今路离得远，带不得别的东西，只带朕戴的帽子一顶，赏他翎子，问总兵官好。"（《雍正朝汉文朱批奏折汇编》）雍正三年（1725），台湾总兵林亮招抚"生番"颇有成效，雍正帝称赞他"甚属可嘉"，接连赏给哈密瓜1个、平安丸100粒、蟒缎1匹、内造缎4匹。

雍正帝还经常召见台湾官员，对于刚刚任命的巡台御史、台湾道员、知府、总兵等台地大员，多是在其赴任前召入宫内，面加劝勉。那些台地中下级将弁，也时常被引见。这些远在海疆边地的台员，将御赐与召见视作殊荣，对雍正帝的"记挂"感恩戴德，更是用心尽责。

雍正帝对在台湾任职的官员，往往给予特别的提升重用。雍正元年（1723），台湾总兵蓝廷珍升任福建水路提督。二年（1724），巡台御史丁士一补授福建按察使，台湾知府高铎升用道员。六年（1728），澎湖副将吕瑞麟升任海坛总兵，台湾道员吴昌祚升山东按察使。九年（1731），台湾道员刘藩长丁忧离台，福建总督

刘世明拟以闽省道员之缺委用，雍正帝批复："刘藩长岂有复用闽省道员之理，两司如有缺出再酌量。"（《雍正朝汉文朱批奏折汇编》）意思是说，刘藩长作为台湾道员不能平调，明确指示可升任布政使或按察使这样的省级官职，刘藩长于是升任福建按察使。十年（1732），台湾总兵王郡升署福建陆路提督。十二年（1734），台湾北路副将马骥升任福建海坛总兵。十三年（1735），台湾总兵苏明良升署福建陆路提督。雍正帝这样大力提升在台各官，对他们积极赴任、勤奋治台无疑是莫大的鼓励。

四、对"木偶"官员及时调整：调离庸官、撤换劣员

雍正帝常把不干事的官员比作"木偶"，不时清理调整。对在台官员尤其不能迁就，不能称职者随时调离其任。雍正三年（1725），当雍正帝得知台湾游击游全兴已经年纪过大后，当即下令将其与金门右营游击蔡勇对调。五年（1727），福建总督高其倬奏报：台湾知县徐琨虽没有什么不好之处，但办事恃才而欠斟酌；彰化知县张镐操守尚好，但办事平庸，不够谙练。雍正帝命吏部"察明"后，立即将这两个县官调离台湾。七年（1729），台湾凤山知县彭之昙对番民仇杀之事不能及时处理，事后还称病推卸责任。雍正帝得报指示："此等劣员万不可姑容，况在台官弁犹为切要。"（《雍正朝汉文朱批奏折汇编》）马上将不干事的彭之昙撤职。

如何确定内地官员派往台湾任职的年限，直接关系到台地吏治民生。任期过短，人地刚熟即需离台；任期过长，又影响在台官员的积极性。为此，雍正帝多次调整台湾臣工的任期。最终，

他确定台湾官员的正式任期为两年，任满后再与新到任的官员交接协办半年时间，然后调回提拔使用，这样每个台湾官员的任期实际接近三年。

雍正帝如此苦心经营，就是要打造一支干练贤明的官吏队伍，以巩固清中央政府在台湾的有效统治。他的这些措施，对台湾的稳定与发展确实起到了积极作用，并对清政府此后治理台湾产生了久远影响。

雍正帝的防火意识

走进紫禁城，不论是登上三大殿台基，还是来到东西六宫，随处可见又粗又高的铜缸和铁缸，统计其数，总共308口，算得上是明清皇宫的一个特殊景观。然而，这数以百计的大缸并不是养鱼栽花供人观

紫禁城的防火铜缸

赏的，而是用来贮水救火的一项实用性很强的宫中防火器具。皇宫防火是大事，历朝皇帝都强调再三。清代的雍正帝不但关注宫中防火，对官衙和民间防火也很注意。这里且看看他是如何重视防止火灾的。

一、宫中防火

清代皇帝居住的紫禁城，宫殿毗连，又全是中国传统的木结构建筑，宫中消防安全的重要性不言而喻。早在幼年时代，胤禛就耳闻康熙十八年（1679）太和殿因人为失火被烧的惨状。直到

他 20 岁时，即康熙三十六年（1697），太和大殿才在废墟上重建起来。这件事给雍亲王留下了极深的印象。故此，雍正帝对宫中防火事宜抓得很紧，曾谕令"紫禁城内每年冬令禁饬火烛"，并经常告诫宫内人员"宫中火烛最要小心"。

雍正帝要求，宫中的房屋建筑要进一步增加防火构造。清代皇宫分前朝和后宫两部分，前朝是皇帝办公区，后宫是帝后生活区。不论是前朝，还是后宫，都设有防火墙。雍正帝认为，这些防火墙固然重要，但也还有漏洞。据《国朝宫史》载，雍正五年（1727）十一月，雍正帝发现乾清宫两侧的日精门、月华门向南一带的围房后面有做饭值房，便对值房人员说："虽尔等素知小心，凡事不可不为之预防。"不久又发现做饭值房时常有火星儿在房檐处飞闪，便即刻降旨：速将围房后檐改为风火檐，即使是十二宫中的大房，有靠近做饭小房之处，也一律改成风火檐。这里的风火檐，又称封护檐，主要特征是梁头或斗栱等木构件不暴露在外。根据雍正帝旨意，总管内务府大臣责成造办处将宫中临近做饭之处的房檐，全部更改为封护檐式样，"以昭慎重"，防患于未然。

清宫有一支专职消防队伍叫火班，昼夜值班。雍正时规定，火班人员由步军校 2 名、步军 40 名，内务府所属护军 8 名、披甲人 20 名、苏拉 20 名，銮仪卫校尉 10 名，共 100 人组成。按规定，火班人员必须是"年力尤为强壮""操演技艺娴熟""妥固整齐者"。由总管内务府衙门负责，每年春秋两季进行两次实战演习，平时"按期派往该班，令其更换，以备防范火烛"。每日，火班由"该班司官内管领等管辖稽查"。

为使紫禁城内火班建制固定化，雍正帝对内务府官员说："紫禁城里该班人内作何分派，及派出之人俱在何处住班之处，尔等

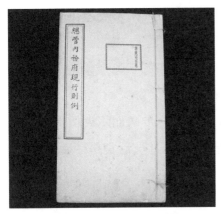

清宫珍藏《总管内务府现行则例》

区划，永远可行之。"（《总管内务府现行则例》）在紫禁城内西北部的咸安宫前墙西有块空地，内务府在这里盖了25间板房，作为火班值宿住所。

当然，偌大的紫禁城，只靠百十号火班人员防火是远远不够的，为此规定，所有在官内值班的官员、侍卫兵丁也都有"戒火"之责。据雍正七年（1729）统计，官内值班官员、侍卫兵丁共1288名，值宿点37处，每一个值宿点都配有"应用防火器具"。这样，专职的火班和值宿的官兵便组成了一个规模庞大的紫禁城防火网络。

这里出现一个问题，紫禁城的火班及千余名侍卫兵丁，都处在皇宫的外围区域，平时王公大臣要入内廷都极其不易，更何况那些普普通通的兵丁，倘若内廷的东西六宫发生火情等突发事件，将如何处置？显然，这牵涉到祖制和不可逾越的官规。雍正帝明白火患非同小可，感到有必要将内廷太监组织编队，使其适应指挥管理，以应付突发火情。为此，雍正五年（1727）十一月颁发谕旨："旧年造办处太监等抬水救火，虽属齐集，但少统领约束之方。可将官内太监编集成队，每队派头领一名，每十队立总头领一名，不但救火，即扫雪、搬运什物用人时，只须点某头领，彼自齐集所属，同往料理。纵使人多，各有头领点查约束，必不至于紊乱。"（《国朝宫史》）如此一来，内廷禁区一旦发生火情，便可由太监头领指挥普通太监和火班侍卫人员进行扑救，不致因手忙脚乱而没了章法。不难看到，雍正帝对宫内防火的每个细节，都是煞费苦心的。

另外，京中大臣和八旗官兵也有入宫救火之责。宫内万一发生火灾，总管太监须立即打开宫门，放外臣从最近路线入宫灭火。八旗官兵更要迅速参加救火，并有明确分工：东南失火由正蓝、镶白两旗赴援，西南失火由镶蓝、镶红两旗赴援，东北失火由镶黄、正白两旗赴援，西北失火由正黄、正红两旗赴援。

雍正帝还大力强化紫禁城内的防火设备。康熙时期，随着火枪火炮等西洋武器的制造，清宫制造了一种西洋激桶。雍正五年（1727）二月，雍正帝看到宫内防火力量空虚，存有漏洞，于是提出：与外边相比，"紫禁城内更属紧要，理应特行派人防范火烛"，明确规定紫禁城内"额设激桶8架"。这种激桶，其主体是一个木制的水箱，水箱的内里挂有一层锡皮。水箱中央立有将军柱，将军柱支撑着杠杆压梁，压梁连接着将军柱两侧的两个活塞。当使用时，把水箱灌满水，两人用力压动杠杆两端，两个活塞轮番内外压水，由顶端的管道射向大火。这种激桶的构造比较复杂，压力也较大，可以把水喷射几米高。今天，在北京故宫还保存着这种激桶，它通高1.54米，水箱长0.69米，宽0.59米，深0.44米，而且，灌上水还能照样使用。

在清宫，除按雍正帝的旨令确保8架激桶之外，还有铁锚、斧镢、长杆铁叉子、长杆钩子、长杆麻刷、蜈蚣梯子以及大小水桶、扁担、绳索等各种消防器具，分布在乾清门、东华门、西华门等几个要害部位，常备不懈。

雍正帝为消除紫禁城火患所采取的一系列防范应急对策，对后世产生了积极的影响。据《总管内务府现行则例》载，紫禁城的火班官兵，在乾隆、嘉庆和光绪年间，先后多次增添。特别是嘉庆十九年（1814），拟定了《紫禁城内及圆明园火班章程》，数年后又制定了《紫禁城火班章程》。可以说，紫禁城在此后没有发生像明朝那样频繁的火灾，是与雍正帝重视宫中防火分不开的。

二、官衙防火

雍正帝认为，中央部院和地方官署衙门均为要害部门，对火灾应立足于防。为此，他特别强调各衙门的夜间值班。雍正七年（1729），吏部文选司档案库房因无人值宿，一场大火烧掉大量衙门档案。事后，雍正帝除对失职官员严行处分外，更制订了必要的防范措施，要求各部院衙门存贮档案之处，此后一律委派笔帖式等官，轮班值宿巡查，以防疏失。京师五城衙门，专管人命、窃盗、斗殴、词讼等事件，在公务活动中形成的档案浩繁而重要。为使各城衙门能有相应的人员值班，雍正帝将原来每城只设2名笔帖式，增改为4名笔帖式，明确指示他们要轮流值宿。

对火灾中的失职官员，雍正帝严惩不贷。雍正十年（1732）十一月二十三日夜，刑部的河南司、陕西司失火，延烧了江西等6个司，焚毁房屋55间，房内案卷均被付之一炬。这场火灾又一次暴露了京师部院衙门在防火救火方面的漏洞，大火从三更着起，特设的京城八旗值班救火大员中，镶白旗副都统甘国璧于四更才赶到，镶红旗副都统尚崇璧更是姗姗来迟，在五更火势已得到控制时才到现场，至于其他各旗大员，则根本就没有露面。另外，刑部下设的14个司，按规定都有当月值宿人员，而火灾发生这天，

14 个司只有 3 个司有人在岗。事情发生后，在雍正帝的过问下，吏部、刑部"分别严察"，将"怠玩疏忽"的官员一一查处，分别革职降调，"以示惩戒"。

布政使司为一省钱粮总汇之衙署，关系非小。雍正十年（1732）正月十四日夜，住在衙署内的福建布政使潘体丰一家入睡后，内堂灯火外延，引燃了房屋顶棚，由于闽地房舍多为板竹构造，火势很快蔓延开来。潘体丰急忙起床携带印信退到库堂，派家人仆役向总督、巡抚告急求援，但因夜静人稀，督抚各衙重重封锁，等敲开大门请来援兵，布政使衙署内堂及相接连的 83 间大小房屋已荡然无存。潘体丰就此呈递专折，深刻检讨"疏忽之咎"。雍正帝批示"当知戒慎"，命他认真"自省"。

雍正帝还试图通过改善官署办公设备，来防范火患。过去，各部院衙门的书吏科房多无专柜，档案文件堆积在木架上，一有火烛，极易起火。在臣工的建议下，雍正帝命各部院书吏科房一律以柜代架，将文件纸札整理好存贮在柜内，一定程度上减小了火情隐患。

一般说来，火灾初起时，水若方便，可以即刻扑灭。可是，京师各部院以往没有盛水器皿，一旦发现火情，往往束手无策，等到调来火班兵役，火势已旺，损失严重。有鉴于此，雍正帝命各部院衙门分别置备大铁箍木桶 2 至 4 个不等，要求各部院堂官具体负责此事，相度妥善地方安放，并要经常查问，安排衙役专门料理，以保证桶内的水每天都是满的。每到严寒时节，为了防冻，则令各衙门暂设几个小水桶，每到晚上，将水注满，移放到司官值宿屋内，权且备用，春天以后，仍用大木桶。有了这套设备，初起之火易于扑灭，即便一时不能熄灭，也可减小和控制火势，等火班来到很快扑灭。

三、民间防火

对于民间，自然不能像宫中、官衙那样，通过加强值宿等措施来防止火灾。在雍正帝看来，民间火灾难保其无，重要的是要备有防火器具，以减小火灾损失。雍正六年（1728），雍正帝下谕天下各府、州、县官员，命令他们注意防火，置备水铳等救火器具。可是，"地方官员奉行不力，于紧要救火水铳等项器具，多不置备，纵有置备，亦不过草率塞责，因循怠忽"（《宫中档雍正朝奏折》）。这种状况，在地方接连发生的一些火灾中，越来越暴露出来。

雍正十一年（1733）四月初六日，湖南常德城北门内青阳阁地方有民户失火，由于房舍密集，救火工具不足，大火竟烧毁兵民房屋 1048 间。雍正帝得知后，气愤地说："朕屡有谕，令地方预设救火之具，地方官不实力奉行，何也？"同年七月十二日，

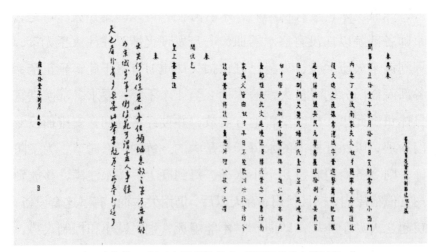

雍正帝御批："火灾何能保其必无，但预备息救之策为要。"

常德城小西门一带再次失火，烧毁民房258间。湖广提督张正兴上报后，雍正帝批示："火灾何能保其必无，但预备息救之策为要。"并说"外省多忽略此举"，指令地方在防火上要"如京城步军一例防范"。

雍正十一年（1733）五月十九日夜，台湾县西定坊水仙宫地方有个店铺失火。台湾总兵苏明良、道员张嗣昌、知府王士任等要员，闻讯后立即赶往现场，指挥扑救，但因水铳等救火器具一无所有，致使火势得不到控制，竟将附近店房300余间接连烧毁，救火兵民无奈，只好拆毁大火前方的11间房舍，以截断火路。巡台御史柏修、林天木把这场火灾情形和扑救不力的情由上报朝廷，并提议应进一步严谕地方官员，将水铳等项救火器具置备齐全，以备急用。雍正帝阅后批复说，折中所言与他本人所想"不约而同"，指出："防火之备，不但台湾，凡所属地方，皆应督令实力行之。"

在这段时间里，雍正帝就防火之事，再次颁发谕旨，命各省总督、巡抚严行查明，尚未置备救火器具的地方，立即置办，并逐一造册，具结呈报。为保障这一措施能确实得到执行，要求各府、州、县每年都要委派专门官员查点一次，必须保证救火器具足数。如果仍像从前一样并不置备而捏饰虚报或上下隐徇，一旦发现，立即交部严加议处。这个严明具体的谕令，在一定程度上得到了执行。

乾隆帝的"一口通商"国策

近世以来，说起清朝的腐败无能，往往连带"闭关锁国"一词，以至于形成这样一种印象，正是由于清政府的闭关锁国，才导致了这个王朝的腐败无能。历史上，清朝闭关确有其事，但应该说并没有完全上锁，还留下了一扇南风窗，这就是乾隆帝的广州"一口通商"国策。

1807 年的广州商馆区

一、"一口通商"前的中国有几个海关？

17、18 世纪是海洋世纪，人类的航海使天堑变通途，东西两个半球不再是隔绝的地理版块。那个时代，在西方人眼里，中国有琳琅满目、美不胜收的各种物产，与传奇和时尚同名。欧洲人在为发现中国而惊喜的同时，他们也看到，"在这个奇异而神秘的王国里，人们过着绝对自给自足的生活，与外界老死不相往来"。而这个时代的中国又将发生怎样的变化呢？

海洋对于有着漫长海岸线的中华帝国来说，是一个天然的防御屏障。海禁是明朝第一位皇帝朱元璋所制定的祖训，明代没有任何一个皇帝敢于明令废除，只是在具体执行中有松有紧。到了明末清初，具有海上贸易传统的东南沿海，民船私自出海已呈不可阻遏之势，禁令成了一纸空文。朝廷官员也在抱怨，海禁不仅不能禁绝私人出海，反而使官府失去大量税收。

17 世纪后期，清朝进入了康熙时代。在平定三藩之乱和统一宝岛台湾之后，康熙帝审时度势，为了振兴沿海地区长期凋敝的经济，决心解除明朝以来三百余年的海禁，实行开海通商政策。康熙二十四年（1685），清政府首次以"海关"命名，在东南沿海正式设立四大海关，分别是：广州粤海关、厦门闽海关、宁波浙海关、上海江海关。这四大海关，成为清廷确定的外国商船来华贸易的指定地点。这是中国历史上正式建立海关的开始，也是中国海疆政策的一次历史性转变。

开海政策满足了沿海居民长久以来出海谋生的愿望，东西方之间的商贸往来出现一派繁忙景象。不过，我们从康熙朝开海以后来华洋船的记录中，发现了这样一个奇怪的现象，就是清朝虽然开放了四个口岸，但洋船来华贸易主要集中在广州的粤海关，其他三个海关则少有问津。

二、"一口通商"国策是怎样出笼的？

乾隆二十二年（1757），以天朝大国自居的清王朝改变了对外贸易格局，时年 47 岁的乾隆帝宣布：大清国的四个口岸只留一处。

清朝的开海政策作出如此重大调整是一个英国商人引起的。

乾隆帝"一口通商"上谕：洋船只准在广东停泊交易

当时，正在海外扩张的英国，不甘于只在传统的广州口岸贸易，而要到长江流域的丝茶产区增开新的商站。乾隆二十年（1755），英国派出曾在广州做贸易多年并起了中国名字的英国商人洪任辉，到浙江沿海投石问路，洪任辉乘船直抵浙海关宁波口岸。宁波在康熙年间原本是开放的港口，但一向不是洋船聚集的地方。此次洋船忽然闯入海滨要地，乾隆帝最直接的反应就是对浙江海防的忧虑。为了阻止英船北上，乾隆帝采取了一种想要禁而不明禁的方法：不公开宣布禁令，而是提高浙江关税，让外商无利可图，从而把洋船逼离浙江。然而奇怪的是，浙海关税额的增加并没有吓跑外国人，那些英商宁可多交税也要到浙江贸易。

为了处理浙江海关事宜，乾隆帝将熟悉对外通商贸易的两广总督杨应琚调任闽浙总督。杨应琚是乾隆帝十分宠信的封疆大吏，就在离开广东前往浙江的履新赴任途中，他还收到乾隆帝赏赐的鹿肉。在杨应琚奏报沿途风调雨顺的奏折上，乾隆帝朱批夸奖他是"一路福星"。乾隆二十二年（1757）十月二十日，刚刚到任的杨应琚，一天之内上呈了四道奏折，专门就海防与海关问题建言献策。奏折谈到，洋船高大如屋，来去无常，尤其是船上装载着炮械，云集在天朝商港，这对沿海清军水师是个巨大的威胁。杨应琚进而谈到，从海防的角度考虑，外国商船应该集中在广州进行贸易，主要原因是珠江口"自虎门横档而至黄埔停泊，在在设有官兵稽查押护。而横档地方两山门立，中建炮台，尤为天生险隘。其自横档至黄埔，又有沙淤水浅之处，番人未识水道"。在清朝海疆重臣看来，海防安全高于一切，闽浙一带不应让洋船自由出入，而南疆的珠江口具有两山、炮台、沙淤这一系列天然防范优势，是在确保海防前提下进行通商贸易的最佳选地。

对杨应琚关闭浙江一带海关，只留广东一口的建言，乾隆帝深表赞同，挥笔御批"所见甚是"。这便是清朝要对开海政策进行收缩调整的缘起。经过朝臣商议，乾隆二十二年（1757）十一月初十日，乾隆帝正式颁布谕旨，明确宣布"嗣后口岸定于广东"，外来商船"只许在广东收泊交易，不得再赴宁波"。乾隆帝认为，"如此办理，则来浙番船永远禁绝"。

据此，闽海关、浙海关、江海关一起关闭，清朝的对外贸易全都集中到粤海关。乾隆帝的"一口通商"国策，一直持续到晚清鸦片战争时期在列强炮舰威逼下被迫在广州、厦门、福州、宁波、上海"五口通商"。

客观地说，"一口通商"这一决策，关闭了其他海关，只允许在广州对外通商贸易，这是清政府的封闭之策。但应该看到，这个收缩的国策也还具有一定的弹性，乾隆帝的闭关还是留有余地，还保持了一个渠道，留下了一个窗口。

三、"一口通商"为何选择了广州？

走向全盛的清政府为什么要对西方世界关闭其他口岸，仅留粤海一关对外通商呢？为什么广州的粤海关，竟有着如此特殊的地位，以至于在清王朝锁国之时，在南国却画出了这一块特殊的空间。梳理档案文献，我们发现，清中央政府确定把"一口通商"设在广州，大致有这样几层考量。

首先，最主要的是基于政治安全的考虑。广州地处南疆，远离国家腹地，远离中央政府，历来是华洋杂处之区。而江浙一带则大不相同，乾隆帝曾说"于海疆重地民风土俗均有关系"，岂能成为洋人的集市。留下偏隅岭南的广州一地通商，即便出现一些周折，也是可控的，对清中央政府、对中原内陆的影响也是有限的。如果联想到雍正时期严禁西洋人在内地传播天主教，但特许他们在广州、澳门从事传教活动，也就不难理解乾隆帝特准在广州对外通商的决策了。从根本上说，清政府不希望西方人逼近京师重地和江南财富中心，而南疆广州则不用有太多的担心。

其次，海防条件是重要因素。在清朝皇帝和大臣们的眼中，海防重于通商。从地理形势上看，虎门海口是洋船进入广州的要塞，这里有"金锁铜关"的天险，其地势最有利于凭险防守。虎门至广州的中途港黄埔，是从水路抵达广州的必经之路，这里多沙淤水浅之处，没有中国引水员带领，洋船难以自由进出。虎门至广州的这条水路，被称为通海夷道，处处有官兵设防。而浙江的宁波、定海口岸，其地势却是海面辽阔，无险可守，洋船扬帆

清代广州黄埔港口

就可直达腹地。乾隆帝就说："虎门、黄埔在在设有官兵，较之宁波之可以扬帆直至者形势亦异。"在清政府看来，从虎门到黄埔，这一路特殊的通海地理形势，已具备应对西方洋船的能力，这成为只留广州一地对外通商最有利的天然条件。

第三，粤海关与宫廷生活有着千丝万缕的联系。广州一直被视为"天子南库"，是皇家奢靡享乐的重要特供点。在开放的四个口岸中，粤海关的财政收入一直居于首位。厚利招来了皇权的格外青睐，好大喜功、爱摆排场的乾隆帝总是任命他最亲近的内务府亲信出任粤海关监督，而其他海关则由地方大吏兼管。在皇家自己人的操办下，粤海关成为皇室庞大开支"自筹资金"的重要途径之一。档案记载，乾隆初年开始，粤海关每年向内务府造办处送银5.5万两，这笔巨款揣入皇帝个人的腰包。粤海关还一直有着一项特殊职责，就是利用和洋商打交道的便利，每年都要为宫廷输送大批洋货，或是从洋船上采买，或是自海外订购，当时称为"采办官物"。举个小例子，圆明园内西洋楼的洋玻璃灯、地毡、自动玩具、机械钟表、西洋镜、铜版画等陈设，都是由粤海关通过洋行商人采买运京的。粤海关有着这种为宫廷服务的特殊功用，皇帝在决定取舍时的倾向也就不言而喻了。

四、"一口通商"是怎样经营的？

广州以其得天独厚的人文地理优势，成为康熙朝开关后西方商船首选的黄金口岸，更成为乾隆以后"一口通商"国策下中西贸易的唯一通道。粤海关成为近代以前中国唯一开放的口岸和中西交往的前沿。从对外贸易的角度看，广州独口通商是一种限制和束缚,但客观上却也造就了一个盛清时期繁荣的中西贸易中心。那么,广东官府、粤海关是怎样操办"一口通商"的呢?

由于长期的封闭,清政府并没有一个专门的外贸机构。在康熙开关初期,接待西方商船的制度极其混乱,遇到大船到来,官员招架无方,洋船常被堵在港外迟迟不得贸易。官府衙门在无力直接应对外贸的情况下,不得不寻求新的更为有效的方法。康熙二十五年(1686)的春天,也就是粤海关开关的第二年,在洋船就要到港、贸易季节即将来临的时候,广州推出了对外贸易的新策。

为了规范贸易和保证税收,广东官府、粤海关公开招募较有实力的商家,指定他们与洋船上的外商做生意,同时替海关征缴关税,这被普遍认为是中国早期外贸代理洋行——广州十三行组织建立的标志。这些聚集在珠江岸边的商人们,懂买卖,讲效率,应变能力也强,外商都愿意和他们打交道。从此,一个全新的商人团体开始慢慢地登上历史舞台。这个从垄断外贸中崛起的广州洋商群体,与徽商、晋商一起,被后人称为清代中国的三大商人集团。这里所谓的"十三行",是对广州外贸洋行约定俗成的统称,并不反映商家的实际数字。历史上,洋行数目因贸易形势的起伏而变动不定,最多时有26家,最少时只有4家。

清代广州十三行同文街

在"一口通商"国策推行后,外国商人贸易都要到广州。于是,进入广州的外国人成为清政府的防范对象。

为此，清廷颁布了一个《防范外夷规条》，其中明确规定，来华外商自登岸开始，必须有一个中国商人做担保，广州十三行的行商也就成了保商，实际是外商在中国开展商务的监护人。清政府希望通过这种类似保甲制的方式，把中外商人联成一个利害与共的整体，最终达到以官制商、以商制夷的目的。这样的行商体制，构成清代广州的涉外通商政策，这是广州十三行全面管理外商的开始。

由此，广州十三行不仅是粤海关征税的总枢纽，而且成为全国唯一得到官方承认的外贸代理商。他们控制着广州口岸全部的外贸，内地货物必须通过他们买进运出，行商从中抽取一笔可观的手续费作为佣金，然后用他们的名义报关。清政府还有这样一个规定，洋货行的商人必须是"身家殷实，赀财素裕"者，为的是保证洋行经营的底蕴和对外贸易的信誉。行商的营业执照，要花20万元从官府方面获得。虽所费高昂，却保证了行商财源广进。行商是带有世袭性的社会团体，虽然是天朝洋商，但行号都是自成一体的家族式经营。豪商巨贾中，以潘家、伍家为最，他们家业雄厚、锦衣玉食、园宅华丽，在当时是世界级的豪富。政府选定家资最富、声望最著者担当行商首领，被称为总商。

清代中国社会是轻视商业的，广州的行商即使在取得巨额财富后，依旧无法获得相应的社会地位。广东的地方大员们，无论将军、总督，还是巡抚、监督，都把十三行当做利源，行商也只有投靠在权贵的门下，才能在对外贸易中争得一席之地。因此，从乾隆年间开始，广州的行商常常花巨资为自己捐买顶戴，知名的行商通常都能捐来二品红顶或三品蓝顶的头衔，这相当于广东巡抚或布政使大员的品级。在这以后，商人捐官也就成为通例，正所谓"无贾而不官"。因广州城的行商们大多捐有官衔，所以，他们的名号后都带有一个"官"字，如潘启官、伍浩官、卢茂官、叶仁官等等。在外商眼中，广州十三行的经营者们，就是国家商人，是中国官方的代理人。清政府的"一口通商"国策，就是通过半官半商的外贸垄断组织广州十三行的商人们来经营和实施的。

钦定狱案篇

明 清 国 家 记 忆 采 撷

清朝对科场作弊的严厉打击

自从科举制度产生的那天开始，科场舞弊的幽灵便一天也没有离开过贡院的号舍。可以说，从隋、唐开始，历经宋、元、明、清，在这1300多年间，求取功名的科

江南贡院的明远楼

场上，舞弊与反舞弊一直像魔道竞斗，魔高一尺，道高一丈。到了清朝，科场作弊的隐秘手法与猖獗程度都达到了科考史上最严重的程度，屈指数来，作弊手法竟有十几种，诸如徇私请托、夤缘赌买、暗通关节、夹带入闱、场内传递、枪替倩代、冒籍应试、冒名顶考、隐匿捏报、割换试卷、窜写代改、泄漏考题、乱号抄袭、罢考哄闹等等，真可谓五花八门。相应地，清朝官府对科场作弊的打击，比起以往各朝，也是力度最大惩处最严厉的。这里，让我们透过清宫档案，来看看清朝的几位皇帝是如何挥起铁拳打击科场作弊的。

一、顺治朝：贿卖关节——考官李振邺等 7 人处斩

关节作弊，是科举时代隐蔽性最强的一种舞弊手段。这种作弊手法，始自两宋，盛于明清。北宋真宗景德年间，朝廷制定了两项在古代科举史上具有重要意义的考场规则：一是糊名，二是誊录。糊名，是将试卷上考生的姓名、籍贯等项用纸糊盖起来，使批阅试卷的考官不知道手头的卷子是何人所作；誊录，则是在考生交卷后，另由考场专雇的誊录人员将考卷重抄一遍，然后再交考官评阅，这样，就连考生的笔迹，考官也无法认出了。可是，就在有了弥封糊名和誊录易书这两项防弊措施之后，又有了新的作弊"对策"，即订关节递条子。所谓关节，就是考生与考官串通作弊，约好在试卷内诗文某处用什么字作为记号，其中多数是用"夫""也""矣"这一类虚词作暗示，大多用在某文开头、某段结尾。作弊者暗订关节的绝招，使弥封、誊录的防范作用大打折扣。

在清朝十几起科场大案中，关节作弊案占了很大的比例，而且关节作弊者一般都是处以死罪。顺治十四年（1657）顺天乡试，大理寺左评事李振邺奉命充任同考官。入场前，李振邺拟订了几十个关节条子，唆使他人四处兜售，临到入闱时，共卖出了 25 份关节条子。进入考场，

《大清世祖章皇帝实录》：清入关第一年，便诏令天下开科考试

李振邺把所有关节用蓝笔写在一张纸上，让跟随入场的家仆灵秀去查找试卷。案发后，李振邺等5名贿卖关节的考官和2名严重作弊的考生被斩，家产全部查抄，各家老幼共108人流放关外边地尚阳堡。另有王树德等40名作弊考官和士子，杖责流放。

二、雍正朝：叫卖秀才——河南学政俞鸿图人头落地

清代的学政，执掌一省文教大权，三年一换，属钦差大臣。学政的一项重要职责，是主持省内岁、科考试，即在到省的第一年巡视各府、州、县学校，轮回举行岁试，第二年再到各地主持科试，通过岁、科两试，从童生中考选生员——也就是平常所说的秀才。国家能否通过科举选到真才，士子能否迈上科考的第一台阶，学政选拔秀才的考试是最为基础也是至为关键的一步。可是，在贪婪腐败的官风下，各省学政往往把一手掌管的秀才考试当成纳贿发财的良机，舞弊之风十分盛行。清代档案中就说，各省学臣中"校士公明，一文不取"的很难找出几个，而因循营私者则十有八九。河南学政俞鸿图就是这样丧生的。

雍正十年（1732），朝廷简派时任翰林院侍讲学士的俞鸿图为河南学政。俞鸿图来到河南后，自视独掌豫省科考文教大权，把学政之职变成了实实在在的肥缺。俞鸿图前往各处巡回考试，就像地主收租一样，走到哪里，把钱财收到哪里，谁送银子，谁当秀才。

据清宫档案载，雍正十一年（1733）四五月间，俞鸿图来到许州主持秀才考试。他与充任提调官的临颍县知县贾泽汉等人密谋，以贾泽汉当时在许州开的一个油店为窝点，通过亲戚、朋友、

河东总督王士俊奏折：俞鸿图在河南许州总共卖了47个秀才

师生、同乡等各种关系，到处揽生意，四处叫卖秀才。俞鸿图在许州总共卖出去多少秀才？经河东总督王士俊严密追查，先是查出买秀才的考生23名，看到风声紧张，主动投案自首的考生又有24名。这样，在许州经俞鸿图之手卖出的秀才总共有47名。

那么，俞鸿图一伙在贿卖秀才的过程中，究竟收了多少银子？河东总督王士俊的奏折说，几位串通贿卖的"合伙人"当初这样议定：每卖一个秀才，收银子360两到400两，送给俞鸿图每名300两，剩下的银两由其他人瓜分。这样看来，几个做考场"生意"的，还是把大头送给了学政俞鸿图。若按这一分赃比例进行粗略估算，俞鸿图本人收取受贿银两当在14000两左右。

俞鸿图主持许州秀才考试收了大把大把的银子，他一边出棚主试，一边往京城老家汇送贿银。他让随身家人邵裕庵将银子交送当地的元顺、通顺、义兴等号油店兑会，然后再让家人到北京蒜市口的通顺、魁升、源远等号支取。关于这点，不仅"确凿有据"，而且顺天府府尹还在案发后在蒜市口的几号油店"起追"到这笔赃银。对河南学政俞鸿图贿卖秀才一案，经过半年多的审讯，雍正最终下令：立即处斩！

三、乾隆朝：雇人替考——考生枪手一律斩杀

枪替，是清代科举考试中经常出现的。什么是枪替？枪者，倩人代作；替者，倩人代考。所谓枪替，就是指请人冒名入场代写试卷。那些受雇替考的人，就叫枪手。

枪替现象，在考取秀才的初级考试童试中普遍存在，在考选举人的乡试中也时有发生。为制止此弊，顺治年间规定，每个府里各州县的县试要安排在同一天举行，一个省内各府的府试也要在同一日内进行，以防学习好的童生，自己刚参加完这场考试，又替别人去应答另一场考试。按规定，童生参加县试，必须5位考生互结联保，并由本县一名廪生做担保人；参加府试，除了同考的5人互结外，要有2名廪生认保。考场上若是发生枪替之弊，一经发觉查出，互结的5名考生要一同连坐，保结的廪生也要黜革。

至乾隆年间，对枪替情弊的处罚就更重了。且看这样一桩案件：乾隆四十八年（1783）七月，广西土田州知州岑宜栋的长子岑照赴广西省城参加乡试，入场前，他先到永安州知州叶道和的寓所拜访了两次，恳请这位知州找个有些才学又可以信赖的人代考，许诺考中后有谢银300两。叶道和让一位在他的州衙内充当了多年幕友的曹文藻，充作考场内的书办，混入场内，替岑照答写了全部三场试卷。岑照果然高中解元。案发后，乾隆作出这样的处理决定：考生岑照、永安知州叶道和，立即处斩；枪手曹文藻等人，绞监候，秋后处决；岑照的父亲土田知州岑宜栋，罚银5万两。

四、咸丰朝：听人说情——一品大员柏葰丧命黄泉

咸丰朝的柏葰，是朝廷的一品大员。在清朝，不设宰相，官位到了内阁大学士兼军机大臣，便是当官到了顶峰，在九品官员等级中位居一品，史书上常把这样的高官叫做宰辅。柏葰于咸丰六年（1856）升任军机大臣，并且兼职内阁大学士，成为不叫宰相的宰相。他于咸丰八年（1858）充任顺天乡试主考官，就在这次科考中，柏葰因为听别人说情，而最终身败名裂。

咸丰八年（1858）顺天举行举人考试，有刑部主事罗鸿绎应考。入闱前，罗鸿绎找到肇庆府同乡兵部主事李鹤龄，拟定三场考试所用关节：第一篇，文末用"也夫"二字；第二篇，文末用"而已矣"三字；第三篇，文末用"岂不惜哉"四字；诗的末尾，用"帝泽"二字。这样，共定了 4 处关节，全用在各篇结尾的地方。李鹤龄拿着为罗鸿绎拟定的关节，找到即将入闱充任同考官的同年翰林院编修浦安，请他在场内照应。浦安凭这几处关节，找到编号是"中皿恭字十二号"的卷子，在同考官"荐阅"一栏内写下批语"气盛言宜，孟艺尤佳" 8 个字，推荐到主考官手中。身为军机大臣、

明清时期的北京考场——顺天贡院

内阁大学士的主考官柏葰在审阅浦安试卷时，认为该卷才气平平，初步拟定列入备取的副榜，后来连副榜也不上了。浦安得知后，急忙请柏葰带入场内的家仆靳祥出面说情，最终柏葰以第 238 名举人将罗鸿绎录取。事后，通过关节中举

的罗鸿绎拿出 500 两银子，分别酬谢柏葰、浦安、李鹤龄、靳祥等人。就是这一纸关节，主考官一品大员柏葰竟人头落地，同考官浦安、考生罗鸿绎以及代拟关节的李鹤龄也一同处斩。

从档案文献来看，清代对科场作弊的打击力度远远超过以前各朝。这主要表现在两个方面：一是惩处至为严厉。隋唐宋明各朝对科场作弊的士子只不过处以停考，或流放边地，考官顶多是降级革职；在清代则往往是杀头之罪，而且是斩立决，这点尤其是在清朝前期执行得十分坚决。二是惩处制度化。以往各朝大多对科场作弊的个案处理灵活性较大，到了清代就形成了具体的《钦定科场条例》，内容十分详细。当然，到了清朝后期，科场衰败，考纪废弛，对科考作弊的惩处也松了许多。

雍正朝的"维民所止"试题案

民间传说雍正年间，在江西主持举人考试的主考官查嗣庭出了一道"维民所止"的试题。这本来是儒家经典《大学》里的一句话，不料却被人告密，说他"心怀异志"，寓意是要砍雍正皇帝的脑袋。雍正帝拿来试题一推敲，"维""止"二字合在一起，果然有去"雍正"之首的意思，顿时勃然大怒！于是查嗣庭被斩首处死。查嗣庭的"维民所止"试题案到底是怎么回事？我们根据清宫档案来看个究竟。

一、查嗣庭是否出过"维民所止"试题

查嗣庭是浙江杭州府海宁县人。雍正四年（1726）丙午科乡试，时任礼部侍郎的查嗣庭被皇帝钦派江西为正主考。关于查嗣庭在江西主考期间出了"维民所止"试题的说法，较详的见于1917年出版的徐珂《清稗类钞》。该书记述说：查嗣庭出了"维民所止"之题，被人奏参"意在去'雍正'二字之首"，遂因"大不敬"拿问治罪。

然而，《清稗类钞》毕竟属稗官野史，不足为凭，而清代记

载有关此案的典籍，都没有提到过"维民所止"之事。如清人萧奭的《永宪录》在记述该案时谈到，江西主考官查嗣庭"以命题讥讪"，"治大逆不道罪"。但在该书开列的诸多有"讥讪"之嫌的试题中，没有一个有"维民所止"四字。

最重要的是，在清廷机密档案雍正朝《起居注册》中，载有雍正四年（1726）九月二十六日给查嗣庭定罪

查嗣庭画像

的一道谕旨，在这道长谕中，雍正帝历数查嗣庭的桩桩罪行，却没有提"维民所止"这几个字。若查嗣庭果真出了"维民所止"试题，雍正帝怎会放过？若所谓的"维民所止"试题是查嗣庭获罪的主要根据，雍正帝的治罪谕旨又怎会不提？应该说，雍正帝的这道上谕是最有力的证据。

二、查嗣庭到底出的什么考题

查嗣庭没有出过"维民所止"这样的试题。但查嗣庭的案子，的确是因其所出试题而引发的。这里，我们透过雍正朝《起居注册》的记载，看看查嗣庭到底出的什么题？雍正帝认为查嗣庭所出的试题究竟有哪些毛病？

清代乡试，要考三场：第一场考"四书"（三题）和"五经"（每经各四题），第二场考论（一道）、判（五道）、表（一道），第三场考经史时务策（五道）。在查嗣庭所出的试题中，雍正帝

认为有问题的是下面几道：

其一，第一场"四书"第一道题"君子不以言举人，不以人废言"。雍正帝认为，"查嗣庭以此命题，显与国家取士之道相悖谬"，是对文武官员举荐人才政策的"有心讥诽"。

雍正朝《起居注册》所载查嗣庭诸多罪状中没有"维民所止"试题字样

其二，第一场"四书"第三题"山径之蹊间，介然用之而为路，为间不用则茅塞矣，今茅塞子之心矣"。雍正帝说，查嗣庭出这样的题目，"更不知其何所指、何所为也"。

其三，第一场《易经》第二题"正大而天地之情可见矣"，《诗经》第四题"百室盈止，妇子宁止"。雍正帝把这两个题目联系起来，又是"正"字，又是"止"字，便认定查嗣庭是在攻击"雍正"这一年号。

其四，第二场表题一道"以京察为谢表"。雍正帝说：实在不知查嗣庭意欲何为，难道是想让考生们代他称谢吗？

清朝科考规则——《钦定科场条例》六十卷

其五，第三场策题有一道是"君犹腹心，臣犹股肱"。雍正帝说：古人把国君称为元首，把臣下称为股肱、腹心。查嗣庭的试题内"不称元首，是其不知有君上之尊矣"。

其六，第三场策题还有一道是"勤始怠终，勉强自然"。

雍正帝说：查嗣庭这是见内外大臣实心办事，与他志趣不符，而以此题蛊惑人心。

这些就是雍正帝对查嗣庭试题的逐题分析问罪。显然，在雍正帝开列的有问题的试题中，没有出现"维民所止"四字。可见，野史传闻中说查嗣庭出了"维民所止"试题，是与史实不相符合的。

三、查嗣庭获罪的真正原因

那么，查嗣庭到底为什么被治罪？在科举时代，考官要从"四书""五经"中摘取文句命题，按理说，不会有什么政治风险。但在清代考官因试题涉嫌谤讪或太偏太怪而被治罪的，也是屡见不鲜的。不过，像雍正帝这样善于联想，能透过题面文字而洞见出题者肺肝的，也实在少有。雍正帝似乎也觉得这样做难免有穿凿附会之嫌，为此他说：查嗣庭的罪过，主要原因不是出题的事，朝廷之所以审办查嗣庭，是因为他有"种种实迹"。这里雍正帝指的是，抄家时发现了查嗣庭的两本日记，在那上面查嗣庭写了一些看似对皇帝不敬、对朝政不满的话。

然而，这一切都不过是表面文章，试题也好，日记也罢，都只是雍正帝整治查嗣庭的借口，这一案件背后复杂的政治背景才是查嗣庭遭受灭顶之灾的真正原因。

据雍正帝后来讲，他早就看出查嗣庭有谋逆之心，根据就是查嗣庭长了一副"狼顾之相"。何谓"狼顾"？相面师说，有的人走路时反顾似狼，即头向后转一百八十度而身躯保持不动，这种人往往心术不正，怀有异志。雍正帝深信相面术，对此也小有心得，说查嗣庭长相不好，曾引起他的警觉，其向群臣表白查嗣庭从来未被自己信任过。

隆科多画像

考察查嗣庭获罪的真相，应将该案放入雍正初年朝廷政治斗争的大环境下来审视。雍正帝执政初期，惊天大案接连不断，分析起来可归为两大类：一是整治对雍正帝继承皇位不满的亲兄弟，如被斥为猪、狗的同胞兄弟阿其那、塞思黑；二是铲除由于权重而日渐跋扈以致威胁皇权的重臣，如年羹尧、隆科多。雍正帝在处理这些案子时，一律加上"朋党"的罪名，往往是打击一片，整倒一群。查嗣庭便属于隆科多的"朋党"。

雍正帝为稳固帝位，打击"朋党"的态度是十分明确的。就在雍正四年（1726）九月二十六日命将查嗣庭革职拿问时，雍正帝对群臣说："查嗣庭向来趋附隆科多，隆科多曾经荐举。"这样一说，就把为什么要罗织查嗣庭文字之罪的原因点破了。原来，隆科多是雍正帝要打击朋党集团的一个主要目标。在隆科多的党羽中首先清算一个知名度很高的逆党查嗣庭，才可以先声夺人，为最后解决隆党作舆论准备。

隆科多的姐姐，就是雍正帝的嫡母孝懿皇后。当年，雍正帝能够登上皇帝宝座，隆科多功劳最大。据载，当康熙帝死去之时，京城九门关闭，形势险恶异常，隆科多当时任京师九门提督，相当于北京卫戍司令，没有他的鼎力保驾，雍正帝很难坐上金銮殿。

相传，康熙帝弥留之际，承旨传位的大臣只有隆科多一人，康熙帝既已死无对证，帝位传给谁，只能是隆科多一语定乾坤。雍正帝后来指责隆科多"贪诈负恩，揽权树党，擅作威福"。但外间却传，正是因为隆科多知道雍正帝继位的老底，才被杀人灭口的。而查嗣庭试题案，正是雍正帝要大兴隆科多之狱的整个政治斗争棋局中蓄意要下的一步，是除掉隆科多朋党的一个突破口。

四、查嗣庭全案的审查清理

查嗣庭既然已被雍正帝列入隆科多的朋党范围之内，他的厄运必将随着清算隆科多集团而来临。雍正三四年，是大规模整治年羹尧、隆科多两大朋党的关键时期，查嗣庭也就在这时以试题为导火索受到追究审查。

相传，查嗣庭为人做事都十分谨慎缜密。他的书法极精，朝野闻名，但从不轻易示人，更谈不到有什么大部头作品刊刻流传。因此，要从文字著述中来找他"心蓄异志"是相当困难的。但话又说回来，欲加之罪，何患无辞。机会终于来了！

雍正四年（1726）九月乡试完毕，雍正帝着重查看江西乡试录，反复推敲，终于发现查嗣庭所出的试题"悖谬乖张""有意咒诅"，认为有文章可做，但又觉得只靠试题问罪不足以服众。雍正帝推想，查嗣庭平日不可能没有文字，于是下令抄家，果然发现了细字密写的两本日记，以及请托营求、科场关节等方面的书札文字。雍正帝看后拍案而起，立即召见内阁大学士、九卿等朝中重臣并翰林、詹事、科道诸官，向他们宣布查嗣庭所出试题悖逆怨望、所写日记对康熙朝政大肆毁谤，以及谄附隆科多、夤缘请托等罪状，谕令将查嗣庭革职拿问，交三法司（即刑部、都察院、大理寺）严审定拟。

在雍正帝看来，试题不过是给查嗣庭治罪的由头，而白纸黑字的日记，才是足以令人信服而有分量的罪证，所以雍正称之为"种种悖逆实迹"。按雍正帝的说法，查嗣庭的罪状，除了试题有"心怀怨望，讥刺时事"的意思之外，主要是日记中有几处"大不敬"。譬如，日记中在述说康熙帝"升遐"（皇帝去世的讳语）一事之后数行，便有查嗣庭本人"腹泄大发"的内容；在记述雍正年间几次重要朝会活动的地方，查嗣庭同时写有"狂风大作"等灾异天象。有了这么一大堆属于十恶不赦的"大不敬"之罪，查嗣庭也就被打入了大牢。

紧接着，对查嗣庭一案的全面审查便紧锣密鼓地展开了。可是，案子还没有结，在雍正五年（1727）的四月间，查嗣庭本人及其长子查克上，已是先后死在刑部的大狱之中。

查嗣庭的案子，是雍正帝亲手制造的；查嗣庭的罪名，也是雍正帝钦定的。查嗣庭的定罪，最终是"大逆不道"，具体内容包括三个方面：一是对康熙朝政"立心造谤，肆行怨诽"；二是对雍正帝"妄悖不敬，怨讪诅咒"；三是"夤缘贪黩，私通关节"。雍正五年（1727）五月初七日，雍正帝颁布结案谕旨：查嗣庭戮尸枭示。对已死在狱中的查嗣庭虽然不能活着正法，但仍要将一具僵尸砍头戳烂。查嗣庭成为雍正王朝政治斗争的牺牲品。

嘉庆帝遇刺案

在明清两朝近500年的紫禁城宫廷史上，发生过一起皇帝在宫内遭遇刺客的事件，这就是清朝中期的陈德行刺嘉庆皇帝的惊天大案。

在此之前，传说雍正朝有个侠女叫吕四娘，他的父亲吕留良因文字狱案，被雍正帝刨坟碎尸。吕四娘逃脱了官府的追捕，为了报仇，练了一身好武艺。她寻找机会混入皇宫，挥剑砍去了雍正帝的脑袋，因此，安葬雍正帝时，只好铸造了一个金头来替代。然而，这个充满传奇色彩的故事，只是野史传闻，并不是历史事实。而嘉庆皇帝在皇宫遭遇刺客，却确有其事。

嘉庆帝朝服像

一、皇宫大门内的短刀行刺

这桩刺杀皇帝的大案，发生在嘉庆八年（1803）。这年的闰二月二十日，嘉庆皇帝从圆明园返回皇宫。就在这一

天，一个叫陈德的壮汉，带着年仅 15 岁的大儿子陈禄儿，神出鬼没地混进紫禁城的东华门，绕到皇宫的北门神武门，潜伏在神武门旁顺贞门外西厢房的山墙后，等待嘉庆皇帝銮舆的到来。

当嘉庆皇帝的坐轿进入神武门，刚要转向顺贞门时，陈德突然蹿出，手持尖刀，直奔皇帝冲了过去。这突如其来的袭击，吓坏了守卫在神武门、顺贞门之间的上百名侍卫，他们一个个呆若木鸡，不知所措，危急时刻竟没有一人上前抓捕。只有嘉庆帝的侄子、御前大臣定亲王绵恩，嘉庆帝的姐夫、乾清门侍卫喀尔喀亲王拉旺多尔济、乾清门侍卫、喀喇沁公丹巴多尔济和御前侍卫扎克塔尔等 6 个人还算镇定，紧急关头挺身而出，一边护卫嘉庆帝的轿子，一边奋力捉拿刺客。嘉庆帝坐着轿子，很快躲入顺贞门内。经过一番搏斗，绵恩的衣服被刺破，丹巴多尔济的身上被刺伤三处。刺客陈德奋力搏斗，但最终寡不敌众，很快被制服捉拿。陈德的儿子陈禄儿竟然乘乱溜出皇宫，跑回北京的家里，很快也被捉拿。

这次皇宫行刺，嘉庆皇帝虽然没有受伤，但也受到不小的惊吓。发生在大内的刺杀皇帝案，如同一场政治强震，惊动朝野，闹得人心惶惶。

二、陈德行刺为哪般

刺客陈德究竟是个什么人物？他要行刺大清皇帝的动机到底是什么？陈德的背后是否有着隐秘的历史背景？陈德是从东华门进入皇宫的，而从东华门到行刺地点神武门还有很长一段距离，他有什么特殊"本事"在官兵的眼皮底下自由穿行？在陈德"犯驾"之后，这一连串的问题成为人们关注的热点。

陈德从小跟随父母在山东的青州、济南一带游荡，靠给人做仆役打工辛劳度日，勉强糊口。陈德娶妻成家后，父母双亡，他便带着妻子来到北京，投靠他的外甥、内务府正白旗护军姜六格。姜六格是内务府的包衣，也就是皇家奴仆，陈德于是有机会到内务府造办处服役，并渐渐地成了嘉庆帝的諴贵妃刘佳氏身边的人，为她配送锅碗瓢盆，办理日常生活物件。陈德因为给諴贵妃跑腿，而得以经常出入紫禁城、圆明园等皇家禁地，对宫廷的门禁、宫内的行走路线以及皇帝的护卫情况，也就比较熟悉。

后来，陈德的妻子死去，他也被内务府解雇，生活没了着落。陈德生活在社会的最底层，身为奴仆，时常被人指使笑骂，饱尝人间辛酸，同时他又曾接触过皇家权贵，亲眼看到皇室的奢靡生活，这使他深深感到人间的不平，心里越来越仇视权贵。在生活穷困潦倒的情况下，陈德十分苦闷，精神也不太正常，"时常喝酒，在院里歌唱哭笑"。嘉庆八年（1803）的春天，陈德在"实在穷苦难过，要寻死路"之时，找人算了一卦，求的签说他有"朝廷福分"。闰二月十六日，陈德在街上看到人们在用黄土垫道，经过打听得知嘉庆皇帝要在二十日从圆明园进宫，于是萌发了干一番惊天动地的"大事"的念头。

陈德行刺，在背后是不是有反朝廷的秘密社会组织在操纵，这是嘉庆皇帝特别关注的。从把陈德抓起来的当天开始，嘉庆帝就命令军机大臣会同刑部尚书，日夜严审，一心要挖出行刺事件的背后指使者。但是，陈德"所供情节，出乎意料"，坚持说并没有谁指使他这样干。嘉庆帝又加派满、汉大学士和六部尚书，对陈德进行会审。在这一连串的审讯过程中，他们对陈德用尽了各种各样的酷刑，诸如"彻夜熬审""拧耳跪炼""掌嘴板责""刑

腰牌——宫廷太监、工匠、杂役等人出入皇宫的凭证

夹压棍"等等。大刑之下，皮开肉绽的陈德"仍如前供""矢口不移"，坚持说既没有指使者，也没有同谋者。

连续几个昼夜的严刑审讯，得到的陈德供词是这样的："我就是因生活无路，一家老小没有依靠，实在情急，想找条死路。后来又想，自寻短见，没人知道，岂不是白死。恰好听说皇帝进宫，我就同禄儿溜进东华门，从西夹道走到神武门，混在人群里，看见皇上到了，我便手持小刀，向前冲去。原想我犯了惊驾之罪，当下必定将我乱刀剁死，图个痛快，也死个明白。实在没有别的缘故，也没有别人指使。所说是实。"

显然，陈德行刺，有他穷途末路的生活背景，也有他精神不太正常的因素。曾有人说，陈德是天理教头人林清的党羽，根据考证，嘉庆八年（1803）行刺嘉庆皇帝的陈德，与10年后的林清天理教起义攻打皇宫并没有什么关系，因为在陈德行刺时，林清还在四处游荡，并没有入教。陈德行刺应属于个案，却又不是孤立的，它至少表明，清朝到了这个时候，社会各种矛盾已经相当尖锐复杂，社会秩序十分混乱，大清王朝到了嘉庆年间，已然走上了衰败之路。

三、嘉庆皇帝对行刺案的处理

陈德行刺，直接危害到皇帝的性命，是再大不过的大逆案。这桩恐怖事件发生后，嘉庆皇帝在短短的 4 天时间里，就快刀斩乱麻一般做了这样的处理了结：

一是酷刑处死凶犯。案发 4 天后，即闰二月二十四日，将陈德凌迟。凌迟，是古代最残酷的一种死刑，先将犯人的胳膊和大腿上的肉一块块割下，然后再割断咽喉。陈德在撕心裂肺的酷刑中图了个"痛快"。对大逆罪，朝廷是要斩草除根的，陈德 15 岁的大儿子陈禄儿和 13 岁的小儿子陈对儿也未能逃脱干系，在同一天被绞刑处死。

二是奖励有功官员。对救驾有功的定亲王绵恩、乾清门侍卫拉旺多尔济，分别赏给御用补褂，并封绵恩的儿子奕绍为贝子，封拉旺多尔济为贝勒，均在御前行走。其他几位护卫有功的官员也各有赏赐提拔。

三是惩处失职官员。对负责皇帝出行护卫任务的护军统领阿哈保、副都统苏冲阿，因对陈德行刺疏于防范，予以革职。其余护卫章京等人也都受到降职处罚。

四是严格宫禁制度。在嘉庆皇帝的谕令下，御前大

夜间急需出宫门者使用的"合符"

臣、军机大臣、领侍卫内大臣等共同商讨，制订了十分严密的"宫禁章程二十九条"。同时，还扩大了有关皇帝安全的防御范围，除紫禁城外，在皇帝驻跸圆明园、临幸西苑、巡幸避暑山庄、打猎木兰围场时，其防卫措施与皇宫要保持一致。

不过，在平常百姓看来禁卫森严的皇宫，在门禁管理上也还是有漏洞的，是有空子可钻的。就在陈德行刺嘉庆皇帝的第二年，即嘉庆九年（1804），一个法号叫了友的僧人，在神武门跟随往皇宫送食物的人，混进了皇宫大门，最终被抓获流放。咸丰元年（1851），京城里一个卖馒头的小贩，偶然在路上捡了一块出入皇宫用的腰牌，就是凭着这块出入证，竟把馒头卖到皇宫里，在紫禁城进进出出两年多，才被发现抓起来。清朝皇宫的警卫确实存在不小的疏漏，由此可见一斑。

光绪朝周福清科场舞弊案

少年时代的鲁迅，曾因家庭生活的变故，而饱受人情冷暖、世态炎凉。他在为《阿Q正传》俄文译本写的自叙中回忆：其祖上本是殷实富足的大家，"但到我13岁时，我家忽而遭了一场很大的变故。几

光绪十九年审办周福清科场作弊案的奏折

乎什么也没有了；我寄住在一个亲戚家，有时还被称为乞食者"。这"很大的变故"指的就是他的祖父周福清的科场舞弊案。在史料中我们可以看到关于此案的记载，并借此了解这场晚清科考案狱对少年鲁迅的影响。

一、密信有"关节"

周福清于同治六年（1867）考中举人，四年后，他先是在会试中被取为第199名贡士，接着又通过殿试，成为三甲第15名进士。之后在翰林院庶常馆经过三年学习，他被派往浙江杭州府

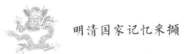
金溪县当知县。光绪四年（1878），他因事被巡抚参劾革职，降为教官。但是，次年周福清又花钱捐了个从七品的内阁中书，回到京城，日常工作就是抄抄写写。

光绪十九年（1893）三月，周福清的母亲去世，按清朝定制，要离开官位回乡居丧三年。就在他回到浙江后不久，其子周用吉（鲁迅之父）报名参加了这年八月的举人考试。主持这次浙江乡试的主考官恰是22年前与周福清一起考中进士的殷如璋。殷是江苏扬州人，这时的官职是正五品的通政使司参议。周福清得知自己的同年要来当主考的消息后，立即动了心思。

七月二十五日，周福清从上海赶到苏州，停船静候殷如璋，并准备好关节条子。所谓"关节"，是指与考官串通作弊，在入场前订下考生在试卷诗文某处作何记号、用何字眼。周福清暗订的关节字眼是"宸忠""茂育"四字，专门写在一张纸上，另外还有一张纸写着"洋银一万元"，是他许诺事成之后酬谢主考的价钱。周福清把这两张纸和自己的名片一起装入信封，等待送给他可称为年兄的殷如璋。

二、送信露天机

七月二十七日，殷如璋的官船到达苏州码头。周福清为避人耳目，自己留在船上，派家仆陶阿顺代送关节。他嘱咐陶阿顺，先投帖拜会，争取让主考大人接见，当面递信，考官如不接见，再投信函。

陶阿顺本是个粗人，他原在绍兴府一户人家当佣工，刚被周福清借来没几天。来到戒备森严的官船下，陶阿顺早把新主人的吩咐忘在脑后，为图省事，他把周福清的名帖和密封的信函一同呈递上去。他的鲁莽使周福清的机密妙算露了个底朝天。关于这其中的细节，有几种不同的记载。

一种说法：苏州知府王仁堪来到殷如璋船上，进行礼节性拜访。恰在这时，殷如璋的仆人递上一封信来，说是送信人在船下立等回信。因为按规定主考官在赴任路上不能接收任何亲朋好友的私人信件，以防说情作弊，殷如璋就装模作样地请王仁堪代拆。王仁堪打开信一看，脸色大变，立即呼令把送信人拿下。"殷见事已泄，亦拍案大怒，请将下书者严究，以明心迹，于是周遂被祸"。

第二种说法：陶阿顺把周福清的名帖、信函一并带上船。当时，殷如璋正和副主考周锡恩谈天，陶阿顺将信函递上后，殷如璋知道其中有物，不便当众拆开，便搁置桌旁，表示不在意的样子，让陶阿顺先回去。谁知陶阿顺粗俗无礼，竟当着众人的面说，此信关系银钱大事，怎么不当面给个回条？事情曝了光，殷如璋又气又恼，立即下令把信和人一同交给地方官府查办，他本人则保住了清白。

第三种说法：陶阿顺将周福清的信送到官船上，因船上官员吏役人来人往，殷如璋没有马上拆信，传话叫送信人稍候。陶阿顺在岸上左等右等，最后不耐烦了，就大声喊叫起来。这下惊动了船上的众考官，殷如璋只好拆信开读，丑闻于是公之于众，殷如璋立即将陶阿顺扣住，连同信函交给苏州府严切究查。

这几种说法，虽然细节上有些差异，但反映的案子过程大体上是一致的，在仆人陶阿顺到主考官殷如璋船上呈递信函时，周福清致送关节的隐情败露了。一时间，"苏浙地方遍处播说，守正之士咸怀愤叹"。

三、无奈去自首

周福清在船上等候回音,陶阿顺却一去不回。几个时辰过去了,提心吊胆的周福清感到事情不妙,赶紧开船离开了苏州,暂到上海躲避起来。

在案发地苏州,知府王仁堪命令衙役将陶阿顺严加看管,并不时提讯一番。可是,陶阿顺"供词闪烁",难得实情。八月初六,江苏按察使司向浙江按察使司发来通报公函,将陶阿顺及信函一同解交涉案人所在地浙江。浙江巡抚嵩骏十分重视,立即委派按察使赵舒翘会同布政使刘树堂及杭州府知府陈璚一同办理,接连提审陶阿顺,并通令周福清的原籍绍兴府会稽县迅速查拿。

周福清躲了一阵子,于八月下旬返回原籍。这时,他已成为官府通缉的要犯。陶阿顺在浙江受审时供称,"系周福清令伊投信",但"信内何事,伊实不知"。嵩骏等认为,"非将周福清查拿到案,不能审出实情"。为此,赵舒翘命令仁和、钱塘两县秘密访查,得到的呈报是,周福清"未曾来省"。赵舒翘又"飞饬会稽县原籍",命令该县一旦发现周福清,"迅速查传,押解省垣质审"。此时朝廷颁下谕旨:内阁中书周福清即行革职,查拿到案,严行审办。

在这种情况下,周福清自知难以脱逃,便来到会稽县衙投案自首。他当即被押往省城杭州受审。

四、大狱蹲八年

周福清归案后,先由知府陈璚进行第一轮审讯。接着,刘树堂和赵舒翘"藩臬两司会审"。最后,又由巡抚嵩骏"亲提研鞫"。

让人惊异的是，大堂之上，周福清竟振振有词，辩解说：交通关节，已不止一科，也不是我一人，某科某人，就是通关节中了举人，我不过是照样子来罢了。周福清的话反映了晚清科场弊窦丛生的腐败局面。

案子经过几个月的审理，嵩骏于十一月初十将审理意见奏报朝廷，认为周福清暗通关节，按大清律例应该处斩，但考虑到他作弊未遂，所谓一万元赃款只是口头支票，而且最终还是投案自首的，因此建议适当从轻处理。光绪帝看过奏折，朱笔批示："刑部议奏。"刑部于十二月二十五日奏报皇帝，认为嵩骏的奏折"似尚平允"，提出对周福清"于斩罪上量减一等，拟杖一百，流三千里"。

对此意见，光绪帝没有完全同意，他在刑部奏折进呈当天颁下谕旨，宣布仍将周福清处以死罪，只是"改为斩监候，秋后处决"。斩监候，不是马上处决，还有刀下留人的可能。等到第二年秋审时，周福清并没有被处决，而是减刑为"牢固监禁"。于是，他继续被关在杭州的监狱中。直到光绪二十八年（1902），照此前八国联军战乱中出狱人犯若事后投案均予宽免之例，周福清获准释放。这样，他一共蹲了八年的大狱。

这起科场舞弊案，使周家急速败落。周福清出狱不过三年就去世了。周用吉不仅举人没当上，其秀才功名也被革除，挥不去

光绪谕旨：周福清暗派家仆投送关节，立即革职，查拿严审

的伤感和耻辱致使他刚刚 35 岁就死去。由于这桩科场案，鲁迅的家庭从小康跌入困顿，十几岁的鲁迅先是随母亲下乡避难，到乡间"为乞食者"，后来则"几乎是每天，出入于质铺和药店里"（《呐喊·自序》），体验着生活的艰辛和现实的冷酷。然而，后来的鲁迅却为自己是"破落子弟"而庆幸，并说"使我因此明白了许多事情"（《鲁迅书简》）。跌宕和坎坷，影响了鲁迅的少年生活乃至性情人格的形成，这正是周福清科场舞弊案对一代历史名人的影响吧！

中外交往篇

明 清 国 家 记 忆 采 撷

明清档案中的陆上丝绸之路

　　中国第一历史档案馆于 2016 年启动"明清宫藏丝绸之路档案整理与研究"专项工程，该课题先后被列为国家社会科学基金重点项目、中国历史研究院重大学术项目、国家出版基金资助项目。该课题的研究成果之一是，提出明清时期的陆上丝绸之路分为四条线路的新提法。

　　陆上丝绸之路，传统意义上讲，是古代横贯亚洲连接欧亚大陆的商贸要道。它起源于西汉时期汉武帝派张骞出使西域，开辟了以都城长安（西安）为起点，经中亚、西亚，连接地中海各国的陆上交通线路。这条通道被认为是古代东西方文明的交汇之路，而中国出产的丝绸则是最具代表性的货物，因此自 19 世纪末，西方学者开始称之为"丝绸之路"，作为一个专用概念，被广泛认可使用，产生了世界性的影响。中国第一历史档案馆档案揭示，明清时

云锦

期的陆上丝绸之路并不仅仅是传统的自新疆西行亚欧的一条线路，而是分为四条线路，即东面过江之路、南面高山之路、西面沙漠之路、北面草原之路。

一、陆上东向过江之路

这条线路主要是指横跨鸭绿江与朝鲜半岛的经济文化交流。中朝两国在地域上唇齿相依，隔江相望。明清时期，朝鲜是东亚地区与中国关系最为密切的藩属国，不仅有相沿成例的朝贡道路，也有定期开市的边境贸易。

明崇祯四年（1631）正月初三日的兵部题稿，十分明确地记载了从京师经辽阳东行再渡鸭绿江陆路至朝鲜的贡道。清乾隆九年（1744）四月二十三日户部尚书海望呈报中江地区朝鲜贸易纳税情形的奏折，则详细记载了朝鲜在中江采购的物品种类包括绸缎、丝帛、灰貂、棉花、毡帽等等，且有"在边门置买货物""朝鲜人等不纳税课"的特殊优惠规定。这件奏折还记载了朝鲜为请领时宪书（当时的年历）而派遣使者的情况。又如，道光二十一年（1841）十月十五日礼部尚书色克精额的题本，反映了清政府对会宁、庆源边境贸易的管理，其中详细开列了兽类毛皮贸易的准许清单，"凡貂、

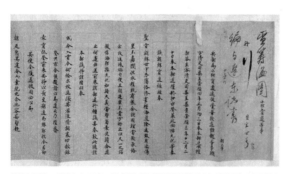

崇祯四年正月初三日，兵部为议朝鲜贡道改途事行稿（局部）

獾、骚鼠、鹿、狗等皮，准其市易；貂皮、水獭、猞猁狲、江獭等皮，不准市易"。

二、陆上南向高山之路

这条线路主要是从四川、云南、西藏等地出发，到达东南亚、南亚地区的经济文化交流，其中与安南、缅甸、印度、廓尔喀等国交流比较频繁。

乾隆五十七年（1792）十二月初一日，大将军福康安等大臣有一件联衔奏折，内容是与廓尔喀商议在西藏地区进行贸易通商之事，其中记载了清政府确定的对廓尔喀贸易基本原则：第一，允准贸易。"廓尔喀业经归命投诚，准其仍通买卖。"第二，官府统办。"所有贸易等事，竟应官为办理，不准噶布伦等私自讲说。"第三，确保公平。"一岁中酌定两次四次，予以限制。驻藏大臣仍不时稽查，亲加督察该处银钱，亦可公平定价，不致再有争执。"乾隆五十八年（1793）八月初二日，署理两广总督郭世勋上奏说，安南除在原定通商贸易章程中规定的高平镇牧马庸和谅山镇驱驴庸设立市场之外，又在谅山镇花山地方设立市场。经查，花山地方确实交通便利，且人口稠密，利于双方贸易。郭世勋认为，安南"因地制宜"添设花山地方市场确是可取，并提议在贸易章程中正式添设。可见，清代中越边境贸易是十分频繁的。

光绪三十一年（1905）十二月，署理两江总督周馥向外务部递送咨呈，主要陈述了南方诸省种植的本土茶叶受到从锡兰、印度进口的茶叶冲击，将会导致茶商破产、茶户改种、本土茶叶被排挤出市场。经派员到锡兰、印度对英国人种植茶叶的方法进行考察，发现"我国茶叶，墨守旧法，厂号奇零，商情涣散，又好作伪，掺杂不纯"，如此局面必无法与进口的锡兰、印度茶叶相抗衡。同时还提出了"设机器厂，立大小公司"等应对措施。这里提出了如何在对外贸易中保护和改进民族产业的问题。

三、陆上西向沙漠之路

这条线路是传统意义上丝绸之路的延续，它在漫长的中外交往史上发挥了巨大作用。自汉代通西域以后，中原与西北边疆的经济文化交流一直存在。唐中期以后，海上丝绸之路兴起，宋明两朝更因为不能有效掌控西域，西北的中外官方交往受到很大限制，因此学界对这条丝路的研究也往往详于唐以前而略于后。

但事实上，有清一代，尤其是乾隆二十二年（1757）彻底平定西北边陲后，逐步恢复西部贸易，中亚许多与新疆接壤的国家开始与清政府建立往来，并派出使者前往北京。乾隆二十七年（1762），爱乌罕（今阿富汗）爱哈默特沙遣使进京朝见，沿途受到各地督抚的热情接待，而乾隆帝在接见使者时，得知爱哈默特沙抱恙在身，还特意赏赐药品及药方。正是在这种积极友善

乾隆二十八年，乾隆帝赏赐爱乌罕（今阿富汗）爱哈默特沙的药品清单

的氛围中，清政府与中亚诸国的来往呈现良性化的态势，这条古老的丝绸之路再次焕发出勃勃生机。

从清代档案可以看到，清政府长期从江南调集丝绸布匹经陕甘运至新疆地区，用来交换马匹等物，当时新疆地区主要的通商地点在塔尔巴哈台、喀什噶尔、伊犁等地，贸易对象除了当地部落，还有哈萨克、俄罗斯、浩罕等国。乾隆二十二年（1757）十一月二十八日，陕甘总督黄廷桂上奏，哈萨克等地"为产马之区，则收换马匹，亦可以补内地调拨缺额"。由此可知，乾隆朝恢复西部贸易，一个重要目的是要获取哈萨克等地的马匹。乾隆二十四年（1759）十一月十一日，驻乌鲁木齐办事三等侍卫永德的满文奏折，主要内容就是呈报与哈萨克交换马匹及所用银两数目的详情。清政府与哈萨克贸易中，十分注意哈方贸易需求，如在绸缎的颜色方面，哈萨克人喜欢青蓝大红酱色和古铜茶色等，乾隆帝谕令贸易缎匹"悉照所开颜色办解"。

在这期间，西北边陲的民间经济文化交流也很频繁，从清廷屡次颁布严查私自买卖玉石、马匹、茶叶等货物的谕令中，可以看出民间商贸活动是广泛存在的。

四、陆上北向草原之路

这条线路主要是由内地经漠北蒙古草原、中亚草原与俄罗斯等国的经济文化交流。在清代，俄皇多次派遣使团来华商谈贸易事宜。康熙时期，清政府在北京专门设立俄罗斯馆，以安置俄国使团和商队。雍正年间，还曾派出官方使团参加俄皇即位典礼。由于清朝分别在康熙和雍正年间与俄罗斯签订了划界及贸易条约，尼布楚、恰克图、库伦等地获得了合法的贸易地位，传统的草原丝绸之路进入了鼎盛时代。

现存档案中有一件康熙三十八年（1699）正月十二日俄罗斯的来文档，是俄国西伯利亚事务衙门秘书长致送清朝大臣索额图的咨文，其内容就是奉俄皇旨令派遣商帮至北京贸易，恳请予以优待。康熙五十八年（1719）十一月三十日，俄国西伯利亚总督切尔卡斯基致函清廷说：俄国皇帝已得悉若干俄国商人在贵国经商确有某种越轨举动，嗣后俄商一概不容有任何损害中国政府之行为，如有任何俄国属民为非作歹，定予惩处。同时，恳请允准派往商队，照旧放行，允其进入内地直至北京。这类有关日常贸易纠纷的档案内容，说明中俄贸易已经呈现常态化，也从一个侧面反映了当时中俄贸易的广泛和深度。

档案还记载，乾隆四十三年（1778），理藩院侍郎索琳作为钦差大臣前往库伦办理与"鄂啰斯"商人交易事宜，面对俄罗斯商人改变贸易地点和减少交税等情况，索琳草率下令关闭栅门断绝贸易。乾隆帝对他擅自做主关闭贸易通道很是愤怒，当即将其革职。可见，乾隆帝对中俄贸易还是很看重的。

一史馆现存的俄商来华贸易执照、运货三联执照、货物估价清册、进出口货物价值清单等档案，更详尽反映了当时中俄贸易的规模和内容。

明清档案中的海上丝绸之路

　　中国第一历史档案馆于 2016 年启动"明清宫藏丝绸之路档案整理与研究"专项工程，该课题先后被列为国家社会科学基金重点项目、中国历史研究院重大学术项目、国家出版基金资助项目。该课题的研究成果之一是，提出明清时期的海上丝绸之路分为四个方向的新提法。

　　海上丝绸之路，一般说来是指从南海穿越印度洋，抵达东非，直至欧洲的航线，是古代中国与外国交通贸易和文化交往的海上通道。该路以南海为中心，所以又称"南海丝绸之路"。因海上船运大量陶瓷和香料，也称"海上陶瓷之路"或"海上香料之路"。海上丝绸之路的起点主要是广州和泉州，历史上也曾一度被称为"广州通海夷道"。中国第一历史档案馆档案揭示，明清时期的海上丝绸之路并不仅仅是传统的自南海下西洋的一条

小种花香茶

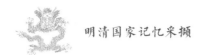

线，而是可以分为东洋、南洋、西洋、美洲四个方向。

一、海上东洋之路

这条线路主要是与东亚各国之间的经济文化交流。东亚是明清时期朝贡体系的核心地区，自明初开始，朝鲜、琉球与中国延续了长达五百余年的宗藩关系及朝贡贸易。日本虽游离于朝贡体系边缘，但与中国也一直保持着密切的贸易往来。

一史馆档案中有一幅彩绘地图，上面墨笔竖书——《山东至朝鲜运粮图》。经考证，这是康熙三十七年（1698）十二月十五日侍郎陶岱进呈的。从图签可知，这是一幅从山东向朝鲜运送赈济粮米的地图。当时朝鲜连年饥荒，此图应是在运送赈济粮米到朝鲜后，为向朝廷呈报情况而绘制的。该图所示船只，从山东沿着海路将粮米运到鸭绿江，再转运上岸，这是清代北洋海域海上交通的鲜活例证。

康雍乾年间，清廷曾鼓励商船前往日本购运洋铜，中日间的海上贸易迅猛增长。雍正九年（1731）三月初三日江苏巡抚尹继善有一件奏折，请求派员前往日本采办洋铜，其中谈到"采办洋铜商船入洋，或遇风信不便，迟速未可预定"。他同时奏报朝廷，正与各省督抚广咨博访，细心筹划，"通计各省需办之铜"。可见当时前往日本采购洋铜的数量不少。

档案记载，明清时期北京的国子监专门设有琉球官学，琉球国中山王"遣官生入监读书"，乘船到闽，然后登陆北上京师。琉球国派遣官生留学，在明清两朝一直没有间断，这反映了明清时期海上丝绸之路文化交流的一个侧面。

二、海上南洋之路

这条线路主要是与菲律宾、印度尼西亚、澳大利亚、新西兰等南洋国家的经济文化交流，以朝贡、贸易、派驻领事与商务考察等事务居多。东南亚各国是明清朝贡体系的重要组成部分，自明初以来，逐渐建立起对中国的朝贡关系。

菲律宾古国苏禄，明清时期朝贡、商贸往来一直不断。雍正十三年（1735）九月初六日福建水师提督王郡的奏折，向朝廷具体呈报苏禄国吕宋各处到厦门贸易的船只数目。乾隆二十六年（1761）十一月初一日福州将军社图肯的奏折报告说，苏禄国番目吧啰绞缎来厦，呈请贡期内所携带货物可否照例免税，得到乾隆帝允准。

清政府一直鼓励沿海福建、广东等省从暹罗、安南等东南亚国家进口稻米，以纾解粮食压力。乾隆八年（1743）九月初五日，乾隆帝传谕闽粤督抚，"米粮为民食根本"，外洋商人凡船载米粮者，概行蠲免关税，其他货物则照常征收。

光绪中期以后，在驻外使臣和地方督抚的奏请之下，清政府对南洋地区事务日益重视，先后选派官员前往考查商民情形。光绪十三年（1887）十月二十四日两广总督张之洞的奏折，就是呈报派遣官员前往南洋访查华民商务情形。从这份档案来看，调查殊为细致，认为小吕宋（马尼拉）华人五万余人，"贸易最盛，受害亦最深"，"非设总领事不可"；槟榔屿则"宜添设副领事一员"；仰光自英据之后，"为中国隐患"，"宜设置副领事"；苏门答腊华民七万余人，"宜设总领事"等。由此，晚清政府在南洋各处先后设立了领事组织，处理侨民事务，呈递商务报告。

清廷也多次派遣官员随舰船前往东南亚游历考察。光绪三十三年（1907）七月初三日直隶总督袁世凯的奏折，便是奏报派舰船前往南洋各埠巡视，当地侨民"睹中国兵舰之南来"，"欢声雷动"。一史馆档案中，还有《东洋南洋海道图》和《西南洋各番针路方向图》，是清政府与东南亚各国交往而绘制的海道图，图中绘有中国沿海各口岸通往日本、越南、印尼、文莱、菲律宾等国的航线和需要的时间，并用文字说明当地的物产资源，是南洋区域海上丝绸之路的鲜活体现。

三、海上西洋之路

这条线路是传统的海上丝绸之路，主要是中国与西亚、非洲、欧洲通过海路的经济文化交流。明清时期，随着西方大国新航路的开辟与地理大发现，以及借助于工业革命的技术成果，海上丝绸之路已由区域性的海上通道延伸为全球性的贸易网络。

明永乐三年（1405）到宣德八年（1433）间，郑和船队七下西洋，遍访亚非30多个国家，是中国古代规模最为宏大、路线最为长远的远洋航行，是海上丝绸之路在那个时代一个全程式的验证活动，也是海上丝绸之路发展史上的一次壮举。一史馆所藏明代《武职选簿》，就记载了跟随郑和下西洋

明代《武职选簿》：记载了郑和下西洋船队随从、水手的有关情况

船队中的随从、水手等人物的情况。

清初实行海禁，康熙二十三年（1684）七月十一日的《起居注册》记载，这天康熙帝召集朝臣商议解除海禁。次年，清政府在东南沿海创立粤海关、闽海关、浙海关、江海关四大海关，正式实行开海通商政策。由此，清代的中国通过海路与英国、法国、德国、意大利、比利时、瑞典等国的经济文化交流日益频繁。法国的"安菲特里特号"商船、瑞典"哥德堡号"商船、英国马嘎尔尼使团纷纷起航来华。对西洋的科技、医药及奇异洋货等，康熙、雍正、乾隆几个皇帝都极感兴趣，康熙帝要求"西洋来人内，若有各样学问或行医者，必着速送至京城"，并下令为内廷采购奇异洋货"不必惜费"。大批在天文、医学、绘画等领域学有专长的传教士进入皇宫，包括意大利画家郎世宁、德国天文学家戴进贤、主持建造圆明园大水法殿的法国建筑学家蒋友仁等等。值得一提的是，乾隆二十九年（1764），清宫西洋画师郎世宁等绘制《平定西域战图》，次年海运发往西洋制作铜版画，历经种种波折，在 12 年后由法国承做的铜版画终于送到乾隆帝眼前，这是海上丝绸之路演绎的一起十分典型的中西文化交汇佳话。

档案中还有大量外国商船和贡船遇难救助的记载，如乾隆二十六年（1761）九月十五日广东巡抚托恩多的奏折反映，有瑞典商船遭风货沉，水手遇难，请求按照惯例抚恤救助。这说明清政府已经形成了一套关于维护海上贸易秩序的措施与政策。

四、海上美洲之路

这是海上丝绸之路最远的线路，其航线最初是从北美绕非洲好望角到印度洋，再过马六甲海峡驶往中国广州，后来也通过直航太平洋经苏门答腊到广州。明万历元年（1573），两艘载着中国丝绸和瓷器的货船由马尼拉抵达墨西哥的阿卡普尔科港，这标志着中国和美洲贸易的正式开始。从此之后的200多年，以菲律宾为中转的"大帆船贸易"是中国和美洲之间最重要的贸易渠道。

乾隆四十九年（1784），美国"中国皇后号"商船首航中国，驶入广州黄埔港。船上装载的西洋参、皮货、胡椒、棉花等货物全部售出，然后购得大量中国茶叶、瓷器和丝绸等商品。次年，"中国皇后号"回到美国时，所载中国商品很快被抢购一空。中美航线的直接开通，开辟了两国互易有无之门，促使中美之间的贸易迅速发展，道光二十三年（1843）闰七月十二日两江总督耆英等人的联衔奏折记载，"各国来粤贸易船只，惟英吉利及其所属之港脚为最多，其次则米利坚（美国），几与相埒"。这说明当时的对华贸易，美国仅次于英国。

在美洲的开发和经济发展中，华侨及华工也做出了一定的贡献。道光二十八年（1848）美国加利福尼亚州发现金矿，急需大量劳动力进行开采，大批华侨及华工涌入美国，拉丁美洲国家也在华大量招工。光绪元年（1875）七月初十日李鸿章奏报说，华工像猪仔一样运送美洲，澳门等处就设有"猪

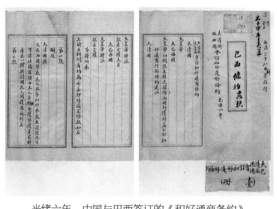

光绪六年，中国与巴西签订的《和好通商条约》

仔馆"。光绪六年（1880）中国与巴西签订《和好通商条约》，第一条就约定"彼此皆可前往侨居"，"各获保护身家财产"，从而为巴西在华招工提供了合法性。

除了经济上的贸易往来，中美两国在文化上也相互交流，清末的"庚款留学"即是其中之一。宣统元年至三年（1909—1911），清政府共派遣三批庚款留美学生，为近代中国培养了一大批著名人才。从馆藏赴美留学生名录可以看到，后来成为清华大学终身校长的梅贻琦、中国现代物理学奠基者之一胡刚复、新文化运动倡导者胡适等均在其列。

"中国皇后号"：开启中美早期的商业贸易

乾隆四十九年（1784），一叶帆船跨越重洋，从刚刚诞生的美利坚合众国驶向古老的华夏帝国，这就是开启中美贸易的"中国皇后号"。

一、驶向中国的木帆船

年轻的美国在独立伊始就与中国货结下了情缘。18 世纪 70 年代以前，美国是英国的殖民地。这时英国东印度公司通过法令，要垄断进入美国的中国茶叶，美国民众组织有许多秘密社团，希望冲破垄断，直接从中国进口茶叶。1773 年 12 月 16 日，化装成印第安人的"波士顿茶叶党"成员，秘密登上东印度公司的茶叶货船，将成箱的茶叶倾倒在大海之中，这就是著名的"波士顿倾茶事件"。这一事件成为北美殖民地人民反英起义的导火索。1783 年英美《巴黎和约》的签订，标志着北美十三个州经过浴血奋战，终于摆脱了英国殖民统治而成为独立的国家。几箱来自中国的茶叶，居然在北美引发了一场独立的狂潮。

对于那时的大清王朝而言，新生的美国还是一个蹒跚学步的国家。当时美国流行着一个传说：中国那些来自关外的皇亲国戚们，从头到脚都穿戴着价值昂贵的毛皮，他们的生活无比奢华。在美国西海岸，以6便士购得的一件海獭皮，在中国的广州可以卖得100美金。于是，到遥远的中国去寻找财富，成了当时美国商界的迫切愿望。随着造船技术和航海知识的迅速进步，美国商人远涉重洋的梦想终于可以实现。就在美国独立战争获胜的第二年，第一艘远航中国的帆船便从纽约起航了。

1784年2月22日，美国首任总统乔治·华盛顿的生日这天，由几个美国商人合资购置的一艘载重360吨的木质帆船，装满大量纯正的美国货，从纽约出发，驶向东方一个名叫广州的遥远口岸。在这艘帆船上，用英文标注着"中国皇后号"。

"中国皇后号"帆船从美国国会那里领取到一张海上通行证。当时，从大西洋到印度洋，辽阔的海域全被英、葡两国所控制。"中国皇后号"为防范海盗和确保安全，原封不动地保留了船上的海军装备，作为护航的武器。帆船满载着可供清朝大员缝制长袍的皮毛和宾夕法尼亚州的花旗参、胡椒、酒以及松脂等等，总价值达12万美元，全船共有43人。"中国皇后号"在中国和美国之间划出了第一道水线，建立起东西方最古老与最年轻的两个大国之间的直接联系，开启了中美贸易的先河。

这艘木帆船，穿

美国的"中国皇后号"停泊在广州黄埔港

行大西洋，绕过好望角，跨越印度洋，驶入南中国海，行程 1.13 万海里，历时 188 天，于 1784 年 8 月 28 日缓缓驶进了此行的目的地——广州黄埔港。帆船自豪地鸣炮 13 响，代表由 13 个州组成的美国向大清帝国致敬。这艘在当时看来并不起眼的帆船，第一次在中国的南疆广州升起了美国星条旗。

二、从广州带回纽约的中国特产

广州当时有一个专门经管外商贸易的组织，称为十三行，它与晋商、徽商一起被称为清代中国的三大商团。在清政府旨令只准广东"一口通商"的特殊国策下，十三行是中国唯一合法的中西贸易垄断组织。不论是外国商船带来的西方各色洋货，还是中国商人想要出口的茶叶、瓷器、丝绸，都要交给广州十三行来办理。对于已经有长期外贸经验的广州十三行洋商来说，"中国皇后号"这艘挂着"古怪旗帜"的商船来自一个新的国家，船上带来的美洲大陆特产，因为新奇而格外受到欢迎。

"中国皇后号" 29 岁的船长山茂召（后来成为首任美国驻广州领事）在他的航行日记中写道："虽然这是第一艘到中国的美国船，但中国人对我们却非常的宽厚。最初，他们并不能分清我们和英国人的区别，把我们称为新公民，但我们拿美国地图向他们展示时，在说明我们的人口增长和疆域扩张的情况时，商人们对于我们拥有如此之大可供中华帝国商品销售的市场，而感到十分的高兴。"

"中国皇后号"通过广州十三行的商人，4 个月内便将船上的货物售罄，于 1784 年 12 月 27 日起航回国。从当时船上的一

张货单上可以看到，这
次运回美国的货物有：
红茶、绿茶等数百吨，
瓷器四五十吨，还有丝
绸、桂皮、牙雕、漆器、
漆扇、雨伞、紫花布、
印花布、手贴墙纸等
一大批中国土特产。

19 世纪 30 年代广州城的美国商馆

　　1785 年 5 月 11 日，"中国皇后号"回到了纽约。船长山茂
召的航行日记在波士顿发表，顿时轰动了全美。船上的货物，也
立即被抢购一空。其中，有一只绘有中国飞龙图案的茶壶，被美
国开国总统华盛顿看中，他如获至宝，珍藏起来。这把茶壶现已
成为美国国家博物馆的珍藏品。在美国新泽西州的博物馆中，我
们至今还可以看到当年专门从广州十三行订购的印有"中国皇后
号"字迹的瓷器。

　　"中国皇后号"首航中国的成功，犹如为刚刚取得独立的美
国经济注入了强烈的兴奋剂。华盛顿总统宣布，对华通商予以优
惠和保护。美国国会给"中国皇后号"的全体船员授予极高的荣誉。
纽约的大小报纸，连篇累牍地报道"中国皇后号"的远航。街头
上更是出现了推销中国红茶、绸缎和瓷器的大型广告。

三、华盛顿总统的订单

　　"中国皇后号"第二次开赴中国前，收到华盛顿总统开来的
一份订单，要求为他的夫人采购中国的"白色大瓷盘、白色小瓷

碗和好看的薄棉布"。一纸订单，透露出美国总统和第一夫人对中国瓷器、纺织品情有独钟。据说，"中国皇后号"一个来回，其利润可高达1500%，这实在是令美国官方和民间喜出望外的巨大利益。

巨额利润的吸引，使美国掀起了远航中国的热潮。在通往广州的航线上，从几十吨到300吨的木帆船，纷纷举帆远航，穿梭于波浪之间。在美国，"每一个沿海村落的人，都在计划到广州去"，美国远航广州的第三只船"实验号"只有84吨，乃至到达广州时，被误认为是近海帆船，这充分体现出美国人"愿意为可能获得的利润冒最大危险"的精神。美国学者乔治·斯蒂华特在一本研究美国地名的著作中提到，在美国的23个州里，都有以广州（Canton）命名的城镇或乡村。美国的第一个"广州"出现在1789年，这是马萨诸塞州东部诸福克县的广州镇。俄亥俄州东北部的广州市，是美国最大的"广州"。

中美通商给美国带来了巨大的经济利益。美国南北战争时期，美商赴华贸易每年所得利润高达3000万元。对于纽约、费城和波士顿的商人与金融家来说，这东西方之间新的贸易无疑是个强大的刺激，广州成为美国沿海商人发迹的重要场所。在美国历史上的第一代富豪中，因对华贸易而显赫一时的大有人在，金融

1875年美国旧金山唐人街绸布店

巨子摩里斯就是从广州贸易开始的。

在"中国皇后号"首航后的40多年里，美国对华贸易迅速发展。1786—1833年，美国来华的船只达到了1004艘，是英国来华船数的一半，超过了欧洲其他国家来华船只总数的4倍。由大西洋沿岸的大商埠纽约、波士顿、费城等直航广州的对华贸易圈逐渐形成。1792年，中美通商不到10年，美国在中国的贸易额便跃居第二位，仅次于英国，而此时，英国在华通商已历经了100多年的时间。到18世纪末至19世纪初，欧洲由于拿破仑战争，美国成为在中国最大的商家，美国人在广州开办的柏金斯洋行、旗昌洋行，都名噪一时、享誉近代。历史上中美之间的早期贸易，由"中国皇后号"起航而得以迅猛发展起来。

晚清万国博览会

世博会始于 19 世纪中叶。在清代，常以"万国"代指世界，所以世界博览会当时被称为"万国博览会"，也叫"赛会"。这里，让我们透过清宫档案,探寻清代中国参与早期世博会的历史印迹。

一、清宫档案记载各类博览会 42 项

中国第一历史档案馆现存清代世博会档案 1500 余件。这些皇宫档案，真实地记录了清代中国参加各项博览会的人员组成、展品选送、经费管理、场地租用、出洋章程、奖牌颁发、现场参观、外交礼仪等内容，直接反映了晚清时期的中国参加各类博览会的详细过程和内中情由。据档案记载，在晚清时期，中国或接到邀请、

1907 年美国弗吉尼亚州海陆军博览会，这是美国致清政府的邀请函

或参加、或主办的各类博览会多达 42 个。这些各式各样的博览会，有的是世界性的，有的则是某一区域的，还有的是某一行业的，与现今的世博会既有渊源，又有不同。

晚清中国，国家积贫积弱，经济严重落后，参加世博会更是勉为其难，难以有所作为，每次提供的参展物品也仅限于一些手工艺品、农产品和茶叶、瓷器等传统的出口产品。这些与西方的大功率蒸汽机、高速汽轮船、近代钢材等工业产品放在一起，形成鲜明对比。当时，一些有识之士从博览会指出我国参展物品的两大欠缺：一是天产多而人造少，二是人造之物又以徒供装饰而无关实用者为多。

据多次踏进世博会大门的中国早期出版商张元济回忆，已是暮色黄昏的晚清，在世博会上黯然失色：展览场地总是很偏僻，场馆又很狭小，就连"世界至小之摩纳哥"都远远不如；展品数来数去，总是瓷器、绸缎、刺绣、漆器等传统的老物件，而且摆放得零乱琐杂，甚至不如苏杭的一些杂货店种类繁多。最让张元济感到羞愧的是，冷冷清清的中国场馆，西方人很少光顾驻足，即便偶尔经过，也是"指指点点，摇头蹙额，不屑一顾，旋即转身离去"。据载，在 1905 年举办的比利时列日博览会上，中国的展品中竟然有刑具、鸦片、缠足鞋等物，在留学生们的抗议下，这些不雅的展品才被撤下。

二、首届伦敦世博会的"荣记湖丝"

现在不少媒体津津乐道地描绘说，1851 年第一届世博会在英国伦敦举行，一个叫徐荣村的中国商人，带着自己的"荣记湖丝"，绕过南非好望角到达英伦，作为中国参加世博的第一人，走进伦敦世博会。英国维多利亚女王和丈夫阿尔伯特亲王还亲自接见了徐荣村，并为他颁发奖牌、奖状，还赠送"小飞人"画幅以示赞誉。按照这个说法，中国在第一届世博会上就很风光。

可是，根据 1852 年英国皇家协会出版的《英国伦敦第一届世博会评奖委员会报告书》和 1884 年刊刻的《北岭徐氏宗谱》等有关资料，以及徐荣村后人的回忆，实际情况是：1851 年的春天，在上海英商"宝顺洋行"担任买办的广东商人徐荣村，偶然获悉在华英国人正极力筹集中国产品，参加当年要在伦敦举办的万国博览会。徐荣村便将自己经营的湖州丝绸打了 12 包，装上货船，运往伦敦参展。这个不到 30 岁的小伙子怎么也想不到，他的"荣记湖丝"竟在伦敦博览会上摘得金、银奖牌各一枚。徐荣村当年确实曾在本土把自己的货物送往伦敦参加首届世博会，但没有任何证据显示，徐荣村曾远涉重洋到达伦敦世博会现场。所以，伦敦首届世博会上，中国只是"送展"。除了徐荣村的湖州丝绸，其他如茶叶、蜡烛、拐杖等中国物件，都是由在华居住的英美人士及英国本土的收藏家提供的。历史事实证明，徐荣村这个普通的民间商人，不经意的送货举动，使中国与早期世博会结下了不解之缘。

三、晚清中国参加世博会一度由洋人赫德掌控

晚清时期，中国参加世博会一度是由洋人掌控的，此人便是在清朝海关充任总税务司的英国人赫德。据载，从 1867 年到 1905 年，在赫德的组织策划下，中国先后参加了 29 届各类博览会。

时人回忆，赫德对每次参展还是很上心的，甚至连代表团要带的厨师、油漆工、泥瓦工和木工，他都要亲自挑选。赫德曾这样写道：博览会一个接着一个，"引起了中国对其他国家现状的好奇。由于中国赴会展品很受青睐，中国人不愿参加世博会的观念逐渐改变了"。

1876年，美国为纪念建国100周年，在独立纪念地费城举办博览会。这次费城博览会，中国政府第一次自派代表，以国家身份参加。中国参展物品达6801种，装了702箱。中国展馆建有一座木质大牌楼，上写"大清国"三个大字。参加费城博览会的李圭，写下了《环游地球新录》一书，详细记载了当时派往美国留学的詹天佑等120名中国幼童参观世博会的全过程，李鸿章为这本书作了序。

在清宫档案中，有1904年美国圣路易斯博览会邀请光绪皇帝御临的请帖。当时，朝廷特派皇室成员贝子溥伦前往。溥伦呈报中国择日开馆的奏折迄今还完好地保存着。当时国外报纸评论说：这是"中国政府正式登上世博会舞台的开端"。

1905年比利时举办列日博览会。在这次博览会上，清政府建造了一座典型的中式风格的中国馆，共有18个省的30余个城市组织展品参赛。在筹备参加此次博览会

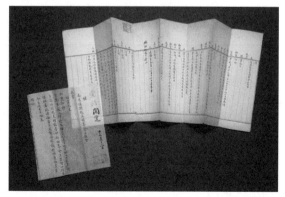

1904年清皇室成员溥伦参加美国圣路易斯万国博览会，这是赴美国书

过程中，清政府决定改由商部操办，结束了持续 30 多年、由英国人赫德把持的海关总税务司负责承办的历史。

四、米兰博览会上的火灾

1906 年意大利在米兰举办博览会。当年 8 月 20 日，驻意使臣黄诰致函外务部，详细呈报在米兰博览会举办期间发生火灾，中国五家商铺遭受损失、驻意使臣全力安抚处置的情况。1910 年

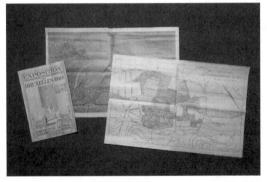

1910 年比利时布鲁塞尔万国博览会，这是清宫珍藏的该博览会会场建筑及场地分布图

比利时在布鲁塞尔举行博览会，8 月 15 日会场遭遇火灾，所幸这次中国场馆未受损失。

历史上，也曾有中国谢绝参加世博会的情况。譬如，1908 年 5 月德国在萨克森州德累斯顿举办照相博览会。这年 3 月，德驻华公使雷克司致函清外务部，邀请中国派员参加。4 月清政府回函称，"中国尚少专门名家，拟暂不派员"。中国因当时还没有照相方面的专门人才，所以没有参加德国的照相博览会。1908 年，英国曾设想在上海举办万国古玩博览会，这是有史以来，首次有在中国举办博览会的动议，但清外务部和农工商部商议后，回复婉拒。

五、中国首次举办的南洋劝业博览会

1910 年 6 月至 11 月，晚清时期的中国在江宁（今南京）第一次举办具有世界意义的博览会——南洋劝业博览会。全国有 22 个省提供了展品，各省送来的展品达 100 多万件。此外，东南亚、日本、美国、英国、德国等也多有展品参展，整个博览会历时近半年，参观人数达 30 多万。

两江总督兼南洋大臣端方是南洋劝业会的发起人。档案中有 1908 年 12 月 25 日端方与江苏巡抚陈启泰联名请求在南京开办南洋劝业会的奏折。该奏折提出"宗旨宜纯、范围宜小、体制宜崇、褒奖宜优、筹备宜速"五个方面的办会设想。1910 年 5 月 23 日，清政府正式颁布了《南洋劝业会观会须知》，并有英译本，还绘制了《南洋劝业会会场全图》。在南洋劝业会上，中国除了传统货物外，也开始有了一些机械工业产品，而直隶馆尤其胜出。南洋劝业博览会总共耗资 150 余万银元。中国在 100 年前举办的这次博览会，无疑是一次具有特殊意义的历史事件。

皇家生活篇

明 清 国 家 记 忆 采 撷

明清皇宫的"金砖"

这里所说的金砖，是指明清两朝皇家建筑中使用的一种高规格的铺地材料，是皇家建筑群中必不可少的贵重物件。它并不是以黄金制作的砖块，其实也是用泥土烧制的，之所以称为金砖，是因它为皇家专用而且十分贵重的缘故。

一、金砖的样式

金砖是什么样子？从档案文献记载和现存实物来看，金砖通常为黑灰色，都是正方形，边长规格有所不同，但都在二尺左右，厚度为三寸左右。

据明朝万历年间的《大明会典》记载，凡遇营建宫殿需用金砖，由大内太监开报数目，工部奏请皇帝批准。明朝时烧造的金砖有一尺七寸、二尺两种。

金砖外观

清朝的金砖规格共有三种,分别是一尺七寸、二尺和二尺二寸。清代从顺治朝到雍正年间,所造金砖还是沿袭明朝旧制,只有一尺七寸和二尺两种。二尺二寸的金砖,据现存署有款识的金砖实物,最早为乾隆二年(1737)烧造。

二、金砖的烧造

烧造一块金砖要花费多少银子?砖身愈大,烧造愈难。《钦定大清会典事例》载,乾隆三年(1738)内务府议定,烧造二尺二寸金砖,每块银价九钱一分。也就是说,烧造一块金砖要用近一两银子,花费的确不菲。

关于金砖的烧造之地,根据《大明会典》和《大清会典》记载,在明朝和清朝初年,江苏的苏州、江宁、太仓、松江、常州、镇江以及安徽的池州这七府都有烧造金砖的职责。但是,人们一直认为金砖产自苏州,而很少提到其他六府。这是因为苏州的土质颗粒细、杂质少、黏性强、可塑性好,所以其余六府虽然也分担金砖烧制任务,但窑场却设在苏州府的地盘上。据清宫档案记载,雍正、乾隆之后,江宁等六府不再担负金砖的烧造,苏州不仅继续负责生产金砖,而且成为金砖的唯一产地,并一直持续到清末。

苏州金砖的窑场,一般设在陆墓、徐庄一带。苏州《吴县志》载:"陆墓窑户如鳞,凿土烧砖,终岁不绝。"

从现存的实物看,金砖上大多刻有款识。每块金砖的侧面,自上而下,通常刻有三种款识,即:含有年号、尺寸、名称的年款;含有督造官员的官职、姓名的官款;含有窑户里甲、姓名的窑款。如:"永乐十二年分成造细料二尺见方金砖／江南苏州府知府李铭皖督造／署苏州府知事朱銮监造／大六甲金凤山渭州造／凤记";"乾隆十四年成造细料二尺金砖／江南苏州府知府邵大业知事丁士英管造／大窑六甲张葛朋"等等。金砖之上勒刻官员和窑户的姓名，是以备追究责任，说明金砖烧造是非常严肃的事。

明清朝廷对于金砖的质量有十分严格的要求。乾隆三年（1738）江苏巡抚萨载的奏折称，"官殿工程需用金砖，理宜敬谨烧造，不容稍有草率"，"务须坚实细致"。

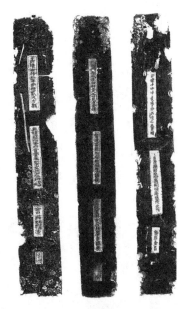

金砖铭文

乾隆四年（1739），江苏巡抚张渠也上奏说："金砖关系钦工物料，必须颜色纯青，声音响亮，端正完全，毫无斑驳者方可起解。"

金砖的烧造，并没有每年烧造数量的固定指标，也没有采办之说，而是朝廷"用则征解"。每次奉旨造砖，承办官员拣选精美堪用者运送京师，交货不得延误，否则予以处罚。苏州金砖均是运到北京的通州砖场，由工部委派专门官员验收。在通州砖场，金砖入棚存贮，而且不能堆放，"只可逐块单立排放"，以确保不被损坏。

三、金砖的使用

金砖是明清皇家专用的"钦工物料"，早在明朝嘉靖年间，工部就曾严查窑户家中是否藏有金砖。在清朝，斑驳破损的金砖，要集中销毁，严禁流入民间。

关于金砖的使用场所，从档案文献记载和实际情况来看，主要用于皇家建筑中的三种场地，即宫殿、庙坛和陵寝。

金砖使用最多的地方是皇家宫殿的地面铺墁。据档案记载，苏州窑场为紫禁城皇宫的修缮工程，提供了一批又一批数量庞大的金砖。明代乾清宫、坤宁宫均曾使用金砖；清顺治十三年（1656）乾清宫，乾隆二十九年（1764）敬胜斋、敬宜轩，光绪二十八年（1902）仪鸾殿、福昌殿，宣统二年（1910）太极殿、体元殿、长春宫等，也都曾使用金砖。

苏州御窑金砖博物馆（一）

关于皇宫使用金砖的数量，顺治十三年（1656）乾清宫等一批宫殿重修，工部主持烧造金砖一次就达 40315 块。康熙十八年（1679）烧造金砖 10054 块，康熙二十九年（1690）烧造金砖 2649 块。雍正三年（1725）烧造金砖 1 万块。乾隆五十三年（1788），紫禁城的景运门、隆宗门地面，撤掉以往用的沙砖，改

苏州御窑金砖博物馆（二）

用金砖，用金砖2379块。可见皇宫金砖使用频繁、数量巨大。

皇家坛庙，是祭祀天地日月、祖先及众神的重要场所，最早是使用琉璃砖墁地。乾隆十六年（1751），天坛的祈谷坛，"大享殿外三层坛面，从前屡经修补，砖色不一，请改用金砖墁砌"。祈谷坛大享殿这次使用金砖20603块。此后，乾隆十九年（1754），先农坛的观耕台改用金砖。在乾隆二十年（1755）前后，供奉皇家先祖的太庙奉先殿，多次取用金砖，而且分别使用了一尺七寸、二尺及二尺二寸3种不同规格的金砖。乾隆二十三年（1758），月坛一次就用一尺七寸的金砖2000块。可见，京师坛庙在乾隆时期便陆续改用金砖墁地了。

陵寝作为皇家万年吉地，也是金砖使用较多的地方。陵寝使用金砖之处，包括皇陵的隆恩殿、配殿、月牙城甬路、明楼方城及月台等地。光绪二十八年（1902），康熙皇帝景陵的隆恩殿等处修缮工程，需用二尺二寸金砖1012块，但此事按规定上报后，却拖了两年都未能解决。原来这段时间，朝廷上下正在为大权在握的慈禧太后修建菩陀峪万年吉地，苏州御用窑场正全力为其赶制超出以往规制的二尺四寸金砖。为了优先保障慈禧太后陵寝工程的需要，康熙陵寝最终仅运来一批二尺金砖才勉强完工。

在宫殿、庙坛和陵寝之外，乾隆帝还为他的国子监讲台铺了金砖。国子监是元、明、清三代在京师设立的最高学府，辟雍殿则是国子监的中心建筑，是皇帝"临雍讲学"的重要场所。乾隆四十八年（1783）开始大修辟雍殿，当时责令江苏巡抚衙门烧造二尺专项金砖1300块。乾隆五十年（1785）春天，乾隆皇帝为庆贺登基50年，在金砖铺墁的辟雍殿举行了盛大的"临雍讲学"活动，发表御论二篇，并颁发给在京各衙门官学及各省儒学研读。

《天工开物》：泥造砖坯

按清朝定制，王府是不能使用金砖的。可是，晚清的摄政王载沣，不仅使用了金砖，而且数量还很大。这自然是由于载沣作为宣统皇帝父亲和摄政王的特殊身份而破例的。载沣动用的金砖，全部用于墁铺中海西岸新造的摄政王府。这座府邸于宣统元年（1909）正月动工，总计有殿宇房屋约300座1500多间，整个工程耗银187万两，其中使用二尺二寸金砖3462块。王府使用金砖，而且数量如此巨大，这实在是空前绝后的。

除了以上所述，还有一些特殊场所也曾使用金砖。譬如，明清两朝的皇家档案库——皇史宬，就曾用金砖铺地；清中央政府的铸币机构——户部的宝泉局和工部的宝源局，也一直把金砖作为翻砂托模之用。

苏州的最后一任知府何刚德写有这样一首诗："金砖备贡库储颁，宫庙需材岂等闲。匠作初成惊国变，可堪流落到人间。"随着大清王朝的终结，金砖也摘下了"钦工物料"的金字招牌。到了晚清，随着中央集权政治的松弛，不时发生金砖散失的情况。民间有人用金砖铺成桌面练习书法，有人将其架作方几来饮茶。近年，在苏州民居中陆续搜集到的金砖就有600余块。

景德镇官窑与清宫瓷器揭秘

江西景德镇是著名的瓷都。其瓷器早在魏晋已很走俏，远销各地。唐宋时期，景德镇瓷器进入宫廷，备受皇帝喜爱。明清两朝是当地瓷业的黄金时期，朝廷在此正式设立官窑，汇集优秀瓷匠，垄断优质的制瓷原料，烧造出巨量至精至美的御用瓷器，景德镇成为中国的制瓷中心。

《清宫瓷器档案全集》书影

中国第一历史档案馆保存着大量的清宫瓷器档案，历经数载整理编纂，推出大型专题档案汇编《清宫瓷器档案全集》。透过这些皇宫秘档，可从几个侧面了解到景德镇官窑与清宫瓷器背后的隐秘。

一、景德镇为何能成为皇家官窑

官窑是相对民窑而言的。民窑是为平民百姓烧制日常生活用瓷的窑厂，官窑则指专门为宫廷制造御用瓷器的皇家御窑厂。景

清宫珍藏：乾隆款粉彩白地三子瓶

德镇原名昌南镇，北宋景德年间，这里的瓷器得到宋真宗的赏识，于是用他的年号来重新命名。明清时期，景德镇成为皇家指定的瓷器烧制厂，而且是这500年间唯一的御用瓷器定点窑址。

景德镇瓷器为何独得明清帝王的青睐？最主要的原因是景德镇"水土宜陶"，制瓷条件得天独厚。景德镇附近高岭村出产的土洁白细腻，是烧制瓷器的理想原料。景德镇的东北部属黄山余脉，林木茂盛，为烧瓷提供了充足的燃料。流经景德镇的昌江，既可淘洗瓷土，也为瓷器外运提供了水路便利。景德镇还是瓷匠的大本营，千百年来，战乱迫使北方窑工一批一批地南迁景德镇，使这里成为制瓷业能工巧匠的聚集地。

二、异彩纷呈的清宫瓷

顺治十一年（1654），清廷正式设立景德镇官窑。经康雍乾三朝皇帝的扶植，景德镇窑厂达到空前的鼎盛和繁荣。

康熙帝十分注意学习和吸收中原文化，他和后妃们放下满族传统的粗瓷大碗，爱上了细腻考究的官窑瓷器。康熙时的青花瓷不仅料色青翠艳丽，釉质莹彻透亮，而且展现的画面极富层次。康熙五彩瓷，色彩瑰丽丰富，画工考究精妙。此时外国传教士不断进入宫廷供职，法国传教士带来的珐琅画深深吸引了康熙帝。他决定将珐琅技术尝试用到瓷器上，康熙五十年（1711），珐琅瓷烧造成功。此后，景德镇官窑又将珐琅技术逐渐运用到五彩瓷中，形成了独树一帜的粉彩瓷。

雍正时景德镇官窑烧制珐琅瓷、粉彩瓷的技艺日臻成熟，色泽粉润、装饰秀逸，显得柔丽高雅。这一时期首创以青花料在坯体上勾勒纹样，成瓷后再进行釉上粉彩装饰，使粉彩瓷别具一番清俊华丽之美。

乾隆帝好大喜功、爱摆阔，景德镇官窑在乾隆朝为满足宫廷的特殊需要，烧瓷技术进一步提升，留下了珍贵的瓷器精品。这一时期的粉彩瓷，纹样极为细腻，色彩至为华艳。各式各样的镂雕瓷是一大特色，除镂空透雕的香熏、花篮、灯罩外，更有双层透雕的转心瓶、转颈瓶等，其构造之严密、构思之奇妙，令人叹为观止。乾隆时期还流行仿生瓷，仿照动植物，特别是瓜果形态的瓷器，无不惟妙惟肖，到了几乎可以乱真的地步。之后的清代六朝，景德镇官窑水平逐渐下滑，比较起来说，光绪时的瓷器在清后期算是较为精良的。

景德镇官窑每年运到京师的瓷器成千上万，这么多的瓷器，当然并不是皇帝一个人享用。宫中簿册记载，这些瓷器有的直接搬进御膳房、御茶房，有的分配到紫禁城的各个宫殿陈设摆放，还有大量

清宫珍藏：绿地粉彩藤萝花鸟碗（光绪朝）

向西苑三海（北海、中海、南海）、颐和园、圆明园、承德避暑山庄这些皇家宫苑以及太庙、陵寝等分派，更有不少由皇帝拿来赏赐皇子皇孙以及文武百官。清朝皇帝还经常把瓷器作为外交礼品送给各国，比如康熙帝送给法王路易十四、乾隆帝送给英王乔治、慈禧太后送给美国使臣和日本皇后的礼品中，都有大量珍贵的瓷器。向琉球、安南、高丽这些藩属国进行赏赐，官窑瓷器也是必不可少的。

三、皇帝亲自改画样

御用瓷器非常讲究式样。景德镇官窑烧造的大部分瓷器由承办皇宫御用器物的内务府造办处出样。这些瓷样都是根据皇帝的旨意由宫廷画师绘制的，叫画样，有的还做成形象逼真的木样、漆样。官窑接到宫里送来的图样后，严格依照式样烧制。有时内务府直接将清宫旧藏瓷器发往景德镇，叫官窑仿照已有成品式样烧造。另外，景德镇瓷匠有时也会设计出新的花色品种进呈皇帝。

清朝皇帝对官窑瓷器十分重视，常常直接指导和修改瓷器画样，在雍正、乾隆时的宫廷生活档案中，这样的事经常见到。这里，我们透过几个例子，来看看雍正帝对瓷器画样的要求是何等细致乃至苛刻。其一，雍正十年（1732）五月二十四日传旨："藤萝花，再画

清宫珍藏画样：白地梅鹿，上书"照此样大小分雌雄烧造六对"

珐琅器皿时，不必画此花样。"其二，雍正十年（1732）十一月二十七日传旨："青山水茶园、酒园俱好，再画些。"其三，雍正十三年（1735）正月初十日传旨："此瓶上龙身画的罢了，但龙须太短，足下花纹与蕉叶亦画的糊涂，嗣后再往清楚里画。"

四、景德镇官窑的烧造数量及花费

景德镇官窑每年要为皇帝烧造多少瓷器？督窑官唐英在雍正十三年（1735）曾奏报，每年秋冬两季向皇宫上交瓷器总共600余桶，其中盘、碗、碟等圆器 17000 件左右，瓶、坛、尊等琢器 2000 余件。当然，这些都是精心挑选出来的上好瓷器。乾隆六年（1741）的统计数字显示，这年共烧过瓷器胚胎42700 多件。咸丰年间，由于太平天国起义，一年只烧造几百件。同治七年（1868），景德镇官窑为同治帝大婚烧制瓷器 120 桶，计 7294 件。

景德镇官窑烧造瓷器的开销账目是十分清晰的。从现存档案看，自乾隆年间到宣统二年（1910），基本上每年都有各种清册进呈内务府，银两数目极为详细，大到本年烧造瓷器所用的银数，小到捆扎瓷器稻草的花费，每笔开销都记载详尽。奏销账目中若差分毫，都要由督窑官赔补。

那么，景德镇官窑一年要花多少银子？清宫档案记载，康乾时期每年烧瓷用银的限额是 1 万两，比如，雍正十三年（1735），用银 8000 两；乾隆六年（1741），用银 9880 两。晚清虽是内忧外患，国库空虚，但慈禧太后为了个人的享受和挥霍，却是大把大把地向窑坑里扔银子。她五十大寿时烧制瓷器用银 15000 两；

六十大寿时值中日甲午战争，而烧瓷所花的银子是惊人的121100两；七十大寿时，烧瓷又耗银38500两。

五、官窑瓷器的损坏赔补和次品处理

瓷器在烧造过程中，不可避免地会有损坏。乾隆十二年（1747），管理内务府的庄亲王允禄在奏折里说，按以往定例，烧造瓷器损坏三成以上，要由督窑官赔补，三成以下的不追究责任。他认为这个规定太宽，经他奏请，从这一年开始，改为瓷器烧造损坏两成以上就要赔补。

以往有一种说法，官窑烧造出来的次等瓷器，都砸碎销毁了。实际情况怎样呢？明代中期以前确是如此，官窑稍差些的瓷器，皇帝不想用，别人也不能用，都砸碎销毁了。所以后来在景德镇的窑址附近能发现埋有成堆的明代官窑瓷片。但从明朝中期之后，官窑烧造出来的次等瓷器就不砸了，而是进行变卖。

档案记载，雍正十三年（1735），督窑官唐英在向皇宫上交19000余件上等瓷器的同时，还有7万多件落选的次等瓷器也一起送往京师，"以备赏用"。庄亲王允禄在奏折里说，次色瓷器虽有瑕疵，但在民间也算是上好的美器，因此按惯例变价处理。乾隆六年（1741）以前，景德镇官窑的次等瓷器，都要送到京师，或是皇帝用来赏赐，或由内务府的瓷库变卖处理。由于把几百桶的瓷器运到京师还要花一大笔包装费、运输费，乾隆六年（1741）以后，次等瓷器就在景德镇当地直接处理了。但不管在哪里变卖，这笔钱都要揣入皇帝的腰包，交到内务府的银库里去。

清宫过年掌故谈

迎新春、过大年是中华民族最具传统特色的节日，而在具有皇权象征意义的皇家大院里，过年则更加讲究，别具特色。那么，清朝的皇宫里是怎样过年的呢？皇家档案对此有着翔实的记载。

一、清帝新年赐"福"字

清宫过年有个习俗，每当新年之际，皇帝总要在内廷亲笔书写一些"福"字。所写出的第一个，一般是悬挂在乾清宫正殿，另有一些张贴于宫殿各处，更多的则是赏给文武宠臣，用来联络君臣感情。

清代皇帝过年写"福"字，是从康熙帝开始的。后来的皇帝纷纷效仿，成为家法，岁岁遵行。乾隆帝特别讲究，在动笔前一定要先烧香，然后再到重华宫内的漱芳斋挥毫。在他之后的各位皇帝，每年写"福"字也都是按着这一套典仪进行。嘉庆、道光、同治、光绪这几位皇帝，过年时除了"福"字，还常常写一些"龙""虎""寿""喜"之类的字。皇帝书写"福"字用的纸，大多是丝绢制作，以丹砂为底色，上面还绘有金云龙纹。

清朝皇帝向京城内的王公大臣赏赐"福"字，都是在农历十二月二十日之后。颁赐仪式，在乾清宫或重华宫举行。颁赐时，两名太监面对面地手持"福"字，受赐大臣在"福"字下面叩头谢恩，寓意满身都是"福"。大致说来，在京朝臣每年有 10 人左右有幸得到皇帝赐"福"。

皇帝对自己特别宠信重用的将军及总督巡抚等封疆大吏，也赏"福"字。外地官员接受此"福"字，大多是由受赐官员的家人或下属，在赴京呈递奏折时顺便领回。作为地方大吏，凡有钦赐"福"字，都是"率文武各官，出郊跪迎，叩头谢恩"。清帝每年向外省官员所赐"福"字有多少？统计雍正二年（1724）春节前后的档案，共有 14 位地方官员获此殊荣。

二、皇家除夕的团圆饭

清朝皇帝平时都是单独进膳，除夕这天，则与皇后等后宫佳丽们一起吃顿团圆饭。

皇家的除夕家宴一般在乾清宫举行，皇帝和后妃每人一张桌子。皇帝自己用金龙大宴桌，坐北向南，两边是花瓶。皇后的宴桌摆在皇帝主桌的左前方，其他妃嫔的宴桌，按着皇贵妃、贵妃、妃、嫔、贵人、常在、答应这些封号的等级，分左右两排摆放。这些事，都是由主管后宫事务的敬事房来操办。先将冷膳摆设完毕，然后太监传话上热膳。冷膳、热膳合起来，总共 40 品左右。另外还有些小菜、果品和点心。

在美酒佳肴准备好后，太监奏请皇后率妃嫔们依次就位，各自在自己的宴桌旁站立等候。这时，皇帝在喜乐中进入乾清宫升座，后妃们行礼。入座后开始表演助兴的承应宴戏。皇帝和后妃们边看戏边进餐，先喝汤，再喝奶茶，接着是酒宴。皇帝进酒时，后妃们都要行跪拜礼。进酒之后，再喝果茶。承应宴戏演完后，后妃们向皇帝跪拜，皇帝起身回便殿，后妃们也各回己宫。

乾清宫除夕家宴摆设

虽然是团圆饭，后妃们却不能和皇帝在一个桌子上热热闹闹地用餐，而且，只有皇帝一人能与宫中女眷一同餐饮，其他即使是皇子，也是不能参加的。这样看来，皇帝的家宴，夫妻不能同桌，儿孙不能共堂，也确实是少了好多平民百姓的天伦之乐。

三、皇帝的元旦开笔

中国古代从汉朝开始，把正月初一叫元旦，作为一岁之始。

雍正朝之后的清代皇宫，每年除夕子正时分，也就是年三十的午夜，刚刚进入年初一的时刻，皇帝的第一件事是洗漱好，穿上冠服，郑重其事地到养心殿的东暖阁举行元旦开笔仪式。

所谓元旦开笔，就是皇帝在大年初一刚开始的时候，亲自书写一些吉祥话，字数不多，一般是二三行，内容都是祈求五谷丰登、国泰民安、江山永固一类的话。清朝皇帝举行元旦开笔，是从雍正帝开始的，以后的历朝皇帝相沿成习，乾隆、嘉庆帝在位

乾隆皇帝的元旦开笔

期间，每年都留下了御笔真迹，一直保存到今天。

举个例子，乾隆元年（1736）的一张元旦开笔，共有三行，中间一行用朱砂红笔所写的是"元年元旦，海宇同禧，和气致祥，丰年为瑞"；左右两边是墨笔写的，右边的一行是"愿共天下臣民永享升平"；左边的一行是"所愿必遂，所求必成，吉祥如意"。皇帝的这些心愿与祈求，写完要密封起来，任何人不能拆阅。

四、大年初一的素馅饺子

说到过年，自然离不开吃饺子。当皇帝在养心殿东暖阁举行完元旦开笔仪式后，大约在大年初一的凌晨三点，就要到乾清宫吃第一顿饺子。

在清代，皇宫里把水饺叫饽饽。大年初一皇帝吃的饺子肯定很丰盛吧？其实不然。档案记载，元旦的御用水饺，既不是大鱼大肉，也不是山珍海味，而是素馅的。这些素馅，以干菜为主，还有蘑菇、笋丝等。

皇帝为什么过年要吃素馅饺子？原来，清朝皇帝都信佛，在皇宫里，有许多礼佛奉道的场所，春节这天，皇帝吃的和敬佛用的都是同一锅煮出来的素馅饺子，以求新的一年平安素净。

顺便说一下，宫里过年也放鞭炮。幽深禁秘的皇宫里，过年时也会传出一阵阵的鞭炮声。在清宫档案中,把爆竹叫炮仗。从腊月十九之后,皇宫就进入过年状态。从这天起,皇帝在各个宫殿出入时,每过一个门,太监就放一声炮仗,以示喜气。

皇宫里也贴春联,根据清宫的规矩,在腊月二十六这天,各处宫殿张贴对联、张挂门神。

五、太和殿的群臣团拜

明清时期,有三大节日作为朝廷定制,一是元旦即大年初一,二是冬至,三是万寿节即皇帝的生日。这三大节,都要举行朝贺礼仪。

《岁朝图》:清宫画师郎世宁绘制的皇家年画

大年初一的朝贺,在紫禁城太和殿举行。这天早晨天亮前,王公百官在午门外集合。大约六七点钟,在礼部官员引导下,众臣进入宫门,在太和殿外,按着品级,东西各站 18 排。皇帝在中和韶乐声中就座太和殿的宝座。在宣表官宣读完简短的贺词后,王公百官向皇帝行三跪九叩之礼。应邀前来的外国使臣,也要行三跪九叩礼。叩拜结束,皇帝赐茶。群臣饮茶之后,再次叩拜,然后按次序退下,朝贺礼仪结束。元旦朝贺,实际上是文武百官向皇帝集体拜年。

在举行完朝贺仪式后，皇帝还要在太和殿举行大型宴会，与王公百官共贺新春佳节，这叫太和殿筵宴。筵宴之前，先要在大殿内宝座前，摆放皇帝专用的金龙大宴桌。太和殿筵宴的规模有多大？据载，在太和殿内及殿外的丹陛上，一般是摆设210张群臣宴会桌。一次宴会，光是羊就要用100只，酒也要100瓶。有资格参加太和殿筵宴的，有内外王公和一二品以上的文武大臣，这些人的官职姓名，事先要奏报皇帝阅览。

太和殿筵宴举行时，王公大臣均穿正装，也就是朝服，按官职品级排立。吉时一到，午门上钟鼓齐鸣，皇家乐队奏响中和韶乐。皇帝在乐曲声中就座后，王公大臣向他叩拜。接下来，是十分繁缛的进茶、进酒、进餐仪式。皇帝和群臣们一边吃喝，一边欣赏歌舞音乐，还有边疆地区少数民族的杂技表演。最后，在乐曲声中，群臣行一跪三叩礼，皇帝起身回宫，群臣再依次退出。

太和殿筵宴图

六、清宫过年吃台湾西瓜

清宫档案记载,春节期间,在宫里的皇帝后妃们竟能吃上西瓜,而且还是来自台湾,这在当时交通不便的情形下,简直不可思议。台湾西瓜进献清宫,是从康熙朝开始的。每年腊月时节,地方进献一次,康熙、雍正、乾隆几位皇帝都曾享用台湾西瓜。

这些西瓜,都是用朝廷特地钦赐的瓜籽在台湾种植的。每年春节前后,进送台湾西瓜的福建官员,顺便把来年的瓜种带回,以备夏季播种。档案记载,这些瓜籽都来自山西榆次。送到福建后,闽浙总督和福建巡抚要派专人到台湾种植,一般是八月开种,十二月收获,再经过精心挑选送入皇宫。每次进献清宫的台湾西瓜大约有四五十个。

春节时的北京,多半还是寒风凛冽、冰天雪地,宫中的皇帝后妃们吃着甜甜的台湾西瓜,常常赞不绝口。雍正帝在福建官员进献西瓜的折子上,就很直白地留下了这样几个字:"今年西瓜种着了,甚好!"

乾隆皇帝的餐饮秘笈

　　乾隆皇帝，25岁登基，当了60年的真龙天子，又做了3年的太上皇，最终活到了89岁，是中国历史上400多位帝王中寿命最长的。根据档案文献记载，乾隆80多岁时，身体状况依然相当地好。乾隆85岁那年去避暑山庄，路上还骑了几十里路的马，还能开弓射箭，在园子里带着玄孙打猎。86岁那年秋天，乾隆在避暑山庄还用火枪打死一只园子里的鹿。说明乾隆这个八十五六岁的老人，身子骨还很硬朗，视力和听力还都很好。

　　乾隆为什么能够如此健康、如此长寿？大致说来有这样几个因素：第一，乾隆先天条件好。乾隆出生时，父亲雍亲王34岁，正当壮年，母亲出

乾隆帝写字像

身平常，身体健壮。第二，乾隆一直坚持锻炼，锻炼的方式以骑马为主。乾隆天南海北的出巡活动，平均每年多于 2 次，他的大部分时间，不是住在紫禁城，而是外出巡幸，因此人们把乾隆王朝称为"马上朝廷"。乾隆出巡，主要是骑马，在他 65 岁前，几乎每年一次从北京到避暑山庄，都是全程骑马。后来年事高了，也是骑到清河，再改坐轿子。第三，乾隆很注意调整心态，节制自己，用他自己的话说就是"事烦心不乱"，不因为喜怒哀乐过度而伤身。第四，乾隆生活很有规律，终生保持着卯刻，也就是早晨五六点起床的习惯。第五，特别重要的一点，就是饮食结构合理。下面，就让我们透过清宫档案，来窥探一下乾隆皇帝的吃与喝是怎样安排的。

一、膳房特供，玉泉山的水和丰泽园的米

宫廷饮食，是皇权的体现，是等级最高、烹饪最精、用料最好的饮食。

乾隆皇帝曾说，"水之德在养人"。他对北京玉泉山的水情有独钟，并总结玉泉山的水有两大特点：一是味道甘美，二是质地最轻。乾隆曾把北京玉泉山、济南珍珠泉、镇江金山泉、杭州虎跑泉的泉水分别取来，用特制的银斗进行测量，结果玉泉山的水最轻。乾隆认为，味美质轻的水才是上品，所以他钦定玉泉山为"天下第一泉"。于是，乾隆在宫中御膳房、御茶房所用的的水，要全部从玉泉山运来。就是外出巡幸，只要不是太远，也要有几辆水车跟着，专门拉着玉泉山的水供乾隆爷使用。

乾隆的主食，御用米也是极其讲究的。御用米分为黄、白、紫三色，专门指定在玉泉山、西苑丰泽园也就是今天中南海丰泽园以及汤泉这三个地方种植。当然，各地进贡的上好稻米，乾隆也是吃的。

乾隆皇帝享尽人间美味佳肴，他的餐饮支出有多大？根据档案记载，乾隆的御膳房、御茶房，每年的餐饮支出是 4 万两白银，这还不算封疆大吏们不时进献的山珍海味和干鲜果品。若是说乾隆吃掉的是金山银山，那是毫不过分的。而且，这 4 万两白银还只是乾隆个人的餐饮开销，因为按着清宫的规矩，皇帝与后妃、皇子们分别有自己的膳房，他们是要分灶做饭、分开用膳的，只有逢年过节才到一起举行家宴，所以清朝皇帝吃饭是很少有天伦之乐的。

二、荤素搭配，白菜、豆腐少不了

我们先来看一下乾隆临死前 2 天，也就是嘉庆四年（1799）正月初一的"膳单"：燕窝肥鸡丝热锅 1 品，燕窝烧鸭子热锅 1 品，肥鸡油煸白菜热锅 1 品，羊肚片 1 品，托汤鸡 1 品，炒鸡蛋 1 品，蒸肥鸡鹿尾 1 品，烧狍子肉 1 品，象眼小馒头 1 品，白糖油糕 1 品，白面丝糕糜子米面糕 1 品，年年糕 1 品，小菜 5 品，咸肉 1 碟，攒盘肉 2 品，野鸡粥 1 品，燕窝八鲜热锅 1 品。

乾隆是这年正月初三早晨死去的，这个膳单，就是 89 岁的乾隆皇帝死前的晚餐情况。乾隆的这个膳单应该说是很有代表性的，至少它揭示了这样两个方面的问题：

一是，乾隆的御膳究竟有多少道菜？大年初一的这次御膳，连菜带汤，还有糕点，总共 22 道。在民间传说、影视文学作品里，乾隆爷每顿吃的菜往往是要上百道。其实，乾隆每次用膳，所吃的菜一般是 20 道左右，基本上是在 15—25 道之间，荤菜不过十来种。不过，晚清的慈禧太后就奢华多了，早晚两次正餐，一般是 48 道菜，过年过节则达到 108 种。

二是，乾隆的菜肴都有啥？乾隆皇帝大年初一的膳单显示，既有燕窝、鹿尾、狍子这些高热量、高营养的菜肴，也有熘白菜、炒鸡蛋这样的大路货。从清宫《膳档》来看，乾隆平时所吃的，最喜欢的是燕窝。乾隆吃的肉，主要是鸡、鸭、鱼、鹅以及羊肉、鹿肉、猪肉。乾隆不吃牛肉，也很少有鱼翅、海参之类的东西。像豆腐、白菜这样的家常菜，倒是乾隆的膳桌上必不可少的。档案记载，乾隆下江南随行带了大批厨师，其中专门作豆腐菜的厨师就有 3 个。乾隆三十年（1765）第四次南巡，三月十八日在淮安的早膳，总共十几道菜，就有豆瓣炖豆腐、炒豆腐两种豆腐菜。在乾隆晚年的膳单中，几乎每天的菜肴中都有"炒豆芽菜一品"，豆芽菜清淡爽口，对脾胃特别有好处，老年的乾隆是很爱吃的。

乾隆也常吃五谷杂粮，每年春天榆树发芽的时候，乾隆都要吃榆钱饽饽、榆钱饼。还有煎饼、粽子等不登大雅之堂的民间粗食，乾隆也按时令吃上一些。

应该说，乾隆用膳，虽然不乏帝王气派，但也并不像人们所想象的那样全是山珍海味。就饮食而言，乾隆最主要的是从养身的角度来考虑的，吃的东西不过冷过热，精粗搭配，荤素相宜，注重实际营养，膳食结构很合理。这种良好的饮食习惯，对乾隆的健康长寿无疑是有着奇妙作用的。

三、一日两餐，从不暴饮暴食

清朝皇帝吃饭有特别的叫法，称为"用膳"或"进膳"。因为以天子之尊叫"吃饭"，太俗了；也可能这个"饭"字，与犯人、犯罪的"犯"同音，而特意避开的。皇帝的御膳房有官员、厨役370人，御茶房有120多人。

从现代科学养生的角度来看，晚餐不宜吃得过饱。乾隆皇帝，也包括整个清代的皇帝，他们不存在晚饭暴饮暴食的问题。因为清朝皇帝用膳，也就是正餐，一天只有两次，分别叫早膳和晚膳，早膳在早晨七八点钟，晚膳在下午一两点钟，这里的晚膳实际是午餐。

在早膳前和晚膳后，各有一次小吃，皇上随叫随到。乾隆皇帝的早点很有规律，一年四季，每天早晨起床后，都要先喝一碗冰糖燕窝粥。到了晚上6点多钟，有一次酒膳，也是小吃夜宵之类的，只是一些点心，没有大鱼大肉。这样，睡觉前不存食，对身体养生自然是有好处的。

四、融会南北，苏州厨子进宫掌勺

建立清王朝的满族，兴起于东北的白山黑水之间，漫长寒冷的冬季，需要鹿肉、熊掌这些高热量的食物来补养。清朝入关后的初年，在顺治、康熙两朝的皇宫，还以关东货为主。到乾隆时期，清王朝经过近百年的统治，与中原文化越来越融合，宫廷饮食也打破了"关东货"一统天下的局面，从饮食结构到烹饪技术上，乾隆皇帝都有重大调整。形成南北融会，满汉合璧的餐饮结构。

乾隆六下江南，喜欢苏杭天堂一般的景致，喜欢江浙别具风情的园林，也很喜欢南方口味的饭菜。乾隆三十年（1765）第四次南巡，乾隆帝在淮安平桥大营行宫的起居记录和在淮安

乾隆第四次南巡：乾隆三十年二月十三日在淮安平桥大营的用膳底档

期间的御用膳谱十分详细。《江南节次照常膳底档》记载，二月十三日乾隆帝来到淮安的平桥大营，晚上在码头用餐，膳谱上有"莲子鸭子""春笋炒肉丝""肥鸡豆腐片汤"的记载，这些菜肴都是淮扬名菜在宫廷档案中留下的印记。

乾隆还不时把苏、杭两地的厨师请进紫禁城，江南厨师在乾隆的御膳房里渐渐成为最重要的掌勺者。就在第四次南巡期间，有个叫张东官的苏州厨子，做的饭菜很合乾隆的口味，乾隆不仅传旨赏银子，而且还把这个张东官带回皇宫的御膳房。从这以后，苏州厨子张东官给乾隆爷掌勺整整20年。乾隆出巡东北盛京等地，也点名让张东官这个江南厨师跟随。张东官在宫里的御膳房一直待到70多岁，腿脚实在不利索了，乾隆才与和珅商量，让张东官回到苏州老家。

乾隆喜欢吃苏州厨子张东官做的菜，并不是就专门喜欢苏州菜，而是这个张东官很会迎合乾隆的口味，把苏杭的南方菜与北方菜、特别是满族的传统菜恰到好处地融合在了一起。像乾隆特

别爱吃的"野鸡汤""野鸡丝酸菜汤""清蒸鸭子"等等，都是南北融会、满汉合璧的全新菜肴。这也正是"王天下者食天下"的真实写照。

历史上，一直以来都是，南方菜清淡，北方菜味重，而满族传统菜又大多是炖煮。乾隆的口味，虽然受南方的影响，但仍然保留着满族饮食的传统特点。实际上，乾隆的口味很宽，他御茶膳房的高级厨师，满、蒙、汉、回不同民族的都有。乾隆注重吃，更注重吃出文化，吃出健康。

五、节制喝酒，每天 2 两不过量

清朝乾隆年间来中国的朝鲜使节在记述乾隆的饮食时，曾写道：乾隆"平生不饮酒"。这个记载是不对的，乾隆并不是一滴酒不沾，他每天还是要少喝一点的。

乾隆饮酒，以健身为本，根据不同季节喝不同的酒，而且很有节制。比如，春节喝屠苏酒、端午节喝雄黄酒、中秋节喝桂花酒、重阳节喝菊花酒。此外，还有一些滋补药酒，如龟龄酒、太平春酒、状元酒等等，每次只喝一小杯。

根据档案记载，乾隆一般是不喝烈性酒的，他最常喝的是玉泉酒，每天下午的晚膳，要喝 2 两玉泉酒。这是一种度数很低的糯米甜酒，少量饮用很利于养身。这种酒是专门用乾隆最欣赏的北京玉泉山的水酿造的，所以也就叫玉泉酒了。

我们说乾隆喝酒注意节制，还有个比较，乾隆的儿子嘉庆皇帝的酒量就相当地大，有点像酒鬼了。嘉庆皇帝每天最少要喝六七两，多的时候要喝十四五两，比他的父皇乾隆是能喝多了。

乾隆不仅自己饮酒很节制，还对宫廷宴会的酒量一减再减。清宫原有定制，宴会活动每桌8两玉泉酒，乾隆后来改为每桌只供4两。

六、适当补养，人参、鹿肉及八珍糕

清宫药养之品，首重人参。乾隆皇帝曾将人参称为"仙丹"，还曾亲笔写过一首《咏人参》的诗，诗中说："性温生处喜偏寒，一穗垂如天竺丹。"说明乾隆很注意用人参补养龙体。据乾隆朝《上用人参底簿》记载："自乾隆六十二年十二月初一始，至乾隆六十四年正月初三止，皇帝共进人参三百五十九次，四等人参三十七两九钱。"这样算来，晚年的太上皇乾隆，每天吃人参约5克之多。

乾隆很注意随着季节的变化调整饮食。春天来了，就去掉火锅，换上凉菜；夏季三伏天，必喝绿豆粥、糊米粥；鹿肉、羊肉、熊掌这些热量较高的补养食物，主要是在秋冬季节吃。

说到乾隆注重补养，我们看看他的"八珍糕"，就更能有所了解了。八珍糕是乾隆皇帝晚年常吃的一种点心。用什么料，每种料各放多少，都是乾隆亲自指定的。档案记载，其原材料有人参、茯苓、山药、扁豆、芡米、莲子、薏米、粳米面、糯米面、白糖等。乾隆专门让一个叫胡世杰的太监向御膳房的师傅们传旨，完全按这些材料配好，研成细末后，蒸成糕点，每天午后随着熬茶送上。可见，乾隆对自己的吃，确是相当上心的。

还有，乾隆的御用果品是一天也不能断的。北方的桃、梨、杏、葡萄，南方的桔子、橙子、荔枝等等，经过御膳房的精心烹制，时

清宫御膳房餐具

清宫御膳房餐具

时摆在乾隆的膳桌上。为便于储存并保证水果蔬菜的新鲜，紫禁城内还特设5所冰窖。

中国有句古话，叫作"美食不如美器"。乾隆皇帝的饮食器皿也是非常讲究的，他用的碗、盘、碟子，都是用黄金、白银以及珐琅特制的。乾隆每次用膳，大大小小几十件金银器皿摆在餐桌上，光是这些赏心悦目的金碗银盘，就是无价之宝了！

避暑山庄沧桑历史的直面写真

避暑山庄是清政府的第二个政治中心，是清朝皇家的经典园林。2003年，为纪念避暑山庄肇建300周年，中国第一历史档案馆、承德市文物园林局合作推出专项文献出版工程《清宫热河档案》。全书辑录档案3616件，按档案原貌影印18册。时间跨度上，始自康熙四十四年（1705），止于宣统三年（1911）。这是对清宫避暑山庄档案首次进行全面系统地整理公布，也是国家清史编纂委员会"档案丛刊"系列的第一个出版项目。这批珍档，原始而翔实地揭示了避暑山庄的沧桑历史。

一、全面反映避暑山庄的肇建增扩和沿革管理

秋狝北巡，是自康熙二十年（1681）木兰围场建立后，清帝夏秋时节的重要活动。每次北巡，清帝均有将近半年时间在承德度过，各地大臣的奏章也由驿递送往承德，迁移口外的朝廷在此处理国家政治、军事和民族事务。康熙、乾隆、嘉庆、咸丰的《起居注》，逐日记述了这几位皇帝巡幸口北行围打猎的全过程和内中情由。如康熙五十五年（1716）的《起居注》，便记载了康熙

康熙帝的《御制避暑山庄诗》

帝于这年四月十四日至九月二十八日整个北巡的全过程。

清宫内务府档案中系统地保存了反映避暑山庄物品陈设和银两奏销的簿册。其中，大量的《陈设册》清晰具体地记载了山庄内各景观殿堂的陈设物件。如松鹤斋、继德堂、清舒山馆、环碧烟雨楼等处，其陈设铺垫漆木器皿等项一一记入清档。这些《陈设册》是热河地方官员例行清点各处陈设物品，并将其汇集成册，呈报给内务府查阅备案的登记簿，十分详细具体。另有《黄册》，因以黄绫作为封面，故称。这类簿册一一记录了各处建筑维修工程用过银两数目统计结算的详情。如道光八年（1828）十二月的《内务府黄册》，详细地记下了这一年避暑山庄内墙垣闸座及诸旗房舍维修工程所用银两数目。

透过大量的有关避暑山庄事宜的谕旨和奏折，我们可看到清政府对塞外离宫的特殊重视与具体管理措施。如乾隆朝在避暑山庄特建文津阁，专门用来存放《四库全书》。乾隆五十年（1785）五月初八日直隶总督刘峨的奏折，就详细反映了奉差官员护送《四库全书》从京城起运，历经月余全数运到热河典藏的情形。再如嘉庆二十年（1815）六月，根据庄亲王绵课等人议奏，朝廷旨令在山庄添设堆拨官兵，于"东面流杯亭门外加添堆拨一处，西面、北面加添堆拨十三处"。这反映了嘉庆时期在皇帝驾临热河时，为加强山庄防卫所采取的必要措施。

对避暑山庄周围的皇家寺庙，从建造修缮、陈设供奉到佛事活动，清宫档案均有翔实记载。这里不妨试举几例：（1）关于建造修缮。乾隆三十六年（1771）六月十三日内务府总管三和等人的奏折反映，仿西藏布达拉官而建的普陀宗乘之庙，大红台殿宇的镀金铜瓦经严格挑选，凡泛色不均、焊口不齐、净面不平者，均剔出不用，以确保工程质量。嘉庆十一年（1806）四月署直隶总督裘行简有奏折称，热河城隍庙已有三十年未经修缮，据承德知府喜布昌阿禀报，"庙内殿宇头停渗漏，墙垣闪裂"。于是，由广储司耗羡银内动拨专项进行修理。（2）关于陈设供奉。自康熙在武烈河东依次建造普仁寺、普善寺两座寺庙后，清廷在山庄周围陆续修建了一批寺庙。由热河地方呈报给内务府的《陈设册》，具体记录了山庄周围各皇家寺庙在不同时期的殿内布局及陈设物品等情况。（3）关于庙宇活动。每当清帝驾临热河，必至山庄周围的皇家寺庙拈香，其具体时间、随从官员、礼佛程序等，档案均有记录。如乾隆四十四年（1779）花费库银 7 万多两的热河文庙落成，《上谕档》载，这年五月二十四日，乾隆帝颁布上谕，亲诣文庙行释奠礼。

在清宫档案中，藏有大约 100 余件与热河有关的舆图，从不同侧面形象地反映了清代避暑山庄、外庙、行官、围场的规制和建筑。其中内务府的《木兰图》，具体反映了清帝木兰秋狝的北上路线。一幅彩绘绢本《热河行宫图》，以热河行宫为中心，描绘了避暑山庄、外八庙及承德地方衙署的全貌。乾隆四十五年（1780）的须弥福寿之庙增建房屋《草图》显示，为安排六世班禅东行携带的 5000 个包裹，乾隆帝命令在须弥福寿之庙旁增建厢房 32 间。

清宫珍藏《避暑山庄全图》

二、充分揭示发生在清廷"夏宫"一系列重大历史事件的来龙去脉

　　避暑山庄是清政府治国理政的第二个政治中心，清朝许多重大历史事件都发生在这里，档案记载十分具体。兹举数例。

　　1. 达什达瓦蒙古部众的安置赏恤。达什达瓦是厄鲁特蒙古四部之一准噶尔部的台吉，后在部族争斗中被杀，其妻率余众归附清廷。乾隆帝为了安抚达什达瓦部众，决定将他们迁至热河。至乾隆二十四年（1759），达什达瓦部众分两批共2316人到达热河。这年五月的军机处满文录副奏折和清单反映，乾隆特派内务府大臣三和到避暑山庄，动用库存缎匹和银两进行赏赐。同月，还有热河副都统富当阿向军机处递交的呈文，请求将达什达瓦部众编为九个佐领，归入驻防八旗，隶属于上三旗，补放官员，支给钱粮。

2.土尔扈特蒙古首领入觐。乾隆三十六年（1771），明朝末年西迁伏尔加河流域的土尔扈特蒙古部众举部东返，一路浴血奋战，最终回到故土。乾隆帝得知消息，特派大臣将土尔扈特首领渥巴锡等迎至避暑山庄，并嘱咐大臣们精心准备入觐事宜。乾隆三十六年（1771）八月二十六日军机大臣福隆安关于拟定土尔扈特首领觐见仪注的奏折，反映了安排土尔扈特汗渥巴锡等人入觐行礼、宴赏款待等一系列程序的细节。《宫中内起居注》则记录了这年九月十八日，乾隆帝在澹泊敬诚殿亲切接见渥巴锡的场景、人数及过程。

3.六世班禅额尔德尼入觐。据乾隆四十三年（1778）十二月初六日谕旨，乾隆帝欣然同意六世班禅入觐请求，命驻藏大臣留保住作为钦差大臣在入觐途中护送照料。乾隆帝对六世班禅所行路线及路途所需盘费命军机大臣详作安排，乾隆四十四年（1779）正月初三日军机大臣福隆安有专折奏报拟定的六世班禅入觐路线及路途供顿赏赐事宜。在《内务府造办处活计档》中，留下了大量制备佛尊、佛器分别在热河及北京赏赐六世班禅的记录。据乾隆四十五年（1780）七月六世班禅奏书记载，六世班禅在承德的须弥福寿之庙举行盛大的祈愿大法会，乾隆帝亲率诸皇子和王公大臣等参加。《宫中进单》中有一件乾隆四十五年（1780）八月十三日即乾隆帝七十寿辰当天，六世班禅在避暑山庄为恭贺皇上万寿而呈递的丹书克清单，其中包括哈达、佛尊、佛像、经文、佛器、藏香等一批贺寿礼物。通过这份进单，我们可以清楚地了解六世班禅当时所献物品的种类以及数量。

4.英使马戛尔尼到避暑山庄。乾隆五十七年（1792）英国派出以勋爵马戛尔尼为首的800余人的庞大使团来华，并于次年北上热河，到避暑山庄参加乾隆帝八十三岁寿辰庆典。根据《上谕档》所录清单，英使所带礼品共有 19 宗，包括天体运行仪、天文望远镜、天体仪、地球仪、军舰模型、铜炮、榴弹炮、毛瑟枪、刀剑，以及工艺品、纺织品等。这些礼品相当新奇贵重，代表了当时英国工业生产的工艺水平与科技水平。乾隆帝向以"天朝大国"自居，对来朝入贡者一贯是"薄来厚往"。据档案统计，乾隆帝在热河及北京向英国王及英使马戛尔尼等人赏赐共有 66 次，其礼品达 130 种，约 3400 件。翻开乾隆五十八年（1793）六月三十日的《上谕档》，这一天的赏赐物品清单就长达 16 页。档案中还存有英国国王乔治三世致乾隆帝的信函，其中要求派英人留京居住以照料贸易，对此乾隆帝当即指出"其事断不可行"。《上谕档》载，乾隆五十八年（1793）八月三十日，乾隆帝修书致英国国王乔治三世，对英使提出的允许英国商船在沿海登岸经商等七项要求逐一驳回，指出所提要求均系"更张定制，不便准行"。

5. 嘉庆遗诏与咸丰遗命。清朝有嘉庆和咸丰两位皇帝死在避暑山庄。嘉庆二十五年（1820）七月十八日，嘉庆帝自圆明园启銮北巡。二十四日，行抵热河行宫，即往城隍庙拈香，到永佑寺行礼。二十五日，虽身体"不豫"，仍赴普仁寺、普善寺、普乐寺、安远庙拈香。当日戌时，"上疾大渐"，遂颁布遗诏。这份遗诏中，嘉庆帝在略述在位政绩及宣立皇太子承嗣大统。另据《上谕档》载，咸丰十一年（1861）七月十七日，为躲避英法联军而逃离京城的咸丰帝，在内交外困中病死在山庄的烟波致爽殿，临终遗命皇子载淳继位，同时任命八大臣"赞襄政务"。为防止辅臣专权，咸丰帝临终赐给皇后慈安"御赏"印一颗，赐给幼帝载淳"同道堂"

印一颗，因其年幼，此印即由
其生母慈禧代管。咸丰帝规定，
如颁发谕旨，必须同时钤用两
方印玺，两印缺一不可，希图
借此钳制各方力量，以保大清
江山永固。

　　6. 咸丰帝在避暑山庄批
准的不平等条约。咸丰六年
（1856），英国借"亚罗号"

盖有"御赏""同道堂"印章的谕旨

事件发动第二次鸦片战争，英法联军北上津京。清政府于咸丰八
年五月十六日（1858年6月26日）被迫同英国签订《天津条约》，
咸丰帝在避暑山庄批准该约。咸丰十年八月初八日（1860年9月
22日），避难承德的咸丰帝在烟波致爽殿的西暖阁又签字批准了
中英、中法《北京条约》。咸丰帝在山庄期间，还颁布了有关镇
压太平天国的诸多谕旨。

三、如实记录塞外离宫随着清朝国势的下滑而日渐衰落的历史

　　避暑山庄的历史，随着清王朝的兴衰而发生变化。自康熙
四十二年（1703）开始修建，至乾隆五十七年（1792）山庄全部
建成，这一阶段适逢康乾盛世，国力强盛，政治稳定，也正是避
暑山庄的全盛时期。嘉庆帝继位以后，勉强继承了祖宗的遗风。
而道光之后各帝，除了咸丰帝为避难而借"木兰秋狝"之名北巡外，
其他几位皇帝均未到过承德。清宫档案中，详细记载了避暑山庄
日渐衰落的历史过程。

关于嘉庆帝屡次降旨停止行围。嘉庆帝在位 25 年中，只举行了 11 次木兰行围。其间，或因服丧、拜谒祖陵，或因雨水过多、鹿只稀少，多次颁布上谕停止秋狝。如嘉庆六年（1801）六月初一日，亲政两年的嘉庆帝颁谕，以"顺时行狝，典不可废"，宣布将于七月十八日启銮北巡，驻跸避暑山庄，中秋后木兰行围，并传谕热河副都统庆杰等将山庄内应修工程及有关事宜早为预备。但"自六月朔日，大雨五昼夜，宫门水深数尺，屋宇倾塌者不可以数计"，加之木兰行围大营需用车辆及修道架桥等事，皆需民力。有鉴于此，嘉庆帝特地颁旨，"今秋停止巡幸，庶息民劳而省己过"。这里的档案反映，嘉庆帝亲政不久，也曾打算仿效乾隆秋狝，但终因"重费民力，予心不忍"而停止。后来，在嘉庆八年、九年、十九年等年份，嘉庆帝也屡次降旨，说明停止行围的缘由。

关于木兰围场树木遭到大面积砍伐的情况。木兰围场原本森林茂密，野兽成群。可是，自嘉庆五年（1800）办理万年吉地及嘉庆七年（1802）派办圆明园工程起，因需大量木料，围场树木遭到大面积砍伐。为此，嘉庆九年（1804）颁旨，派珠尔杭阿等大员驰往围场，彻底清查剩余树木，同时下令"嗣后围场地方不准再行砍伐木植，以杜影射私砍之弊，庶期牲兽繁多，永行秋狝大典"。《起居注》记载，嘉庆十五年（1810）八月二十五日，嘉庆帝在木兰行围中发现，"连日围场牲兽甚少"，遂于当日颁布谕旨，对比乾隆时期巴彦布尔哈苏台等数围"皆系长林丰草，牲兽最多之地，除田猎弋获外，所放鹿只动以千百计"，而如今则"其数寥寥"，究其原因，嘉庆帝指出乃是乱伐树木、潜偷牲只及围场疏于防范所致。

关于道光帝撤并热河行宫陈设。道光四年（1824）朝廷颁发谕旨，宣布"秋狝礼废"。此后，清帝不仅不再北巡，而且还将热河行宫陈设物件分期分批集中撤运。内务府的《陈设册》，即记录了热河地方官员在道光十二年（1832）遵旨由中关等行宫撤并陈设物品的情况。

圆明园里的皇家生活

圆明园是康熙帝亲自提笔命名的。为什么叫"圆明园"？园子的第一位主人雍正帝有个解释，说"圆明"二字的含义是："圆而入神，君子之时中也；明而普照，达人之睿智也。"其中，"圆"是指个人的品德圆满无缺，超越常人；"明"是指政治业绩明光普照，

《圆明园四十景图》之"山高水长"

完美明智。这可以说是中国古代贤明君主的理想标准。那么清朝的皇帝们，在圆明园里是怎样生活的呢？我们根据《圆明园》专项档案试作梳理。

一、祖孙三代赏牡丹

根据《清实录》记载，康熙帝曾经5次走进圆明园。第一次是在康熙四十六年（1707）十一月十一日，这一年，后来的雍正

帝胤禛 30 岁。当时，皇太子允礽、皇三子允祉也都有自己的花园，他们看到父皇最先游玩的皇子花园，是四弟的圆明园，便紧接着也请康熙帝到自己的花园走一走，以拉近和父皇的关系。

康熙帝最后一次走进圆明园，是在康熙六十一年（1722）三月二十五日。这是一次极其重要的游园活动，因为就是这一次，69 岁的康熙帝、45 岁的雍正帝和 12 岁的乾隆帝这前后祖孙三代皇帝实现了历史性的相会，也是史书记载的唯一一次相会。现在看来，这次游园应当是雍正帝精心安排的。康熙帝特别喜欢牡丹花，雍正帝就在圆明园里专门建了一个牡丹台，然后请父皇来观赏。当康熙帝兴致正浓的时候，在花丛中看见了自己的孙子弘历，也就是后来的乾隆帝。

康熙帝有 35 个儿子，长大成人的有十几个，孙子就更多了，加起来有 50 多个。这些孙子，见爷爷的面很难，乾隆帝长这么大，还是第一次见。据说，康熙帝特别喜欢他的机敏和聪慧，后来还当面夸奖乾隆帝的母亲能生这么个好儿子，是"有福之人"。就这样，康熙帝破例将弘历接到身边养育，先是跟随住在畅春园，后来又带着去了避暑山庄，前后有将近半年的时间，直到这年冬天康熙帝病死在畅春园。

历史上一直有这样一种说法，正是因为康熙帝看中了孙子弘历，所以才在最后把大清江山交给了雍正帝。乾隆帝登极之后，

电影《圆明园》：康熙指导弘历（乾隆）画牡丹

特地在牡丹台题写了一块匾额，名字就叫"纪恩堂"。这一方面表明他对祖父感恩戴德，同时也说明他念念不忘自己就是从这里发迹的。

二、常年居住圆明园

作为皇家园林的圆明园，摆脱了紫禁城高墙的封闭、夏季的燥热和格状建筑的单调。正因如此，圆明园就成了雍正、乾隆、嘉庆、道光、咸丰这五朝皇帝常年居住生活的地方，直到第二次鸦片战争中咸丰帝逃往热河，园子被英法侵略军烧毁为止。正像乾隆帝诗句所说："紫禁围红墙，未若园居良。"红墙围起来的紫禁城，肯定没有田园一样的圆明园住着舒服。

皇帝们通常是在正月元宵节前，就从紫禁城搬到圆明园来。皇太后、皇后妃嫔、皇子公主等家属，也随着搬进园子。等到入冬后，皇帝全家再由圆明园搬回皇宫大内。每年这样两次浩浩荡荡的大迁居，当时称为"大搬家"。

雍正帝登基后，按照清代礼制的要求，在宫内为父守孝 27 个月之后，便于雍正三年（1725）八月，第一次以皇帝的身份正式进驻圆明园。当天，他就向亲王大臣们传谕，说他"在圆明园与宫中无异，应办之事照

电影《圆明园》：西洋画师郎世宁给雍正和弘历（乾隆）画像

常办理"。当年的九至十二月，雍正帝又 4 次来到圆明园居住，短则 9 天，最长的一次有 32 天，直到十二月二十一日，已是年根儿了，才最后回到紫禁城。

从这以后，雍正帝每年都到圆明园长时间居住，最少 185 天，最多 247 天，直到雍正十三年（1735）八月二十三日死在圆明园。在这 11 年里，雍正帝累计去圆明园 47 次，居住 2314 天，每年平均 210 天，差不多有三分之二的时间是在圆明园度过的。

三、大戏楼与买卖街

清朝皇帝在圆明园的休闲生活很有情调。在园中后湖与福海之间，有个景区叫同乐园，顾名思义，是皇帝与臣下一同娱乐联欢的活动中心。同乐园内建有一座三层大戏楼，叫清音阁。此阁每两层之间都设有滑车，根据戏的内容，神仙大佛从上层降下，鬼怪妖精从下层钻出，刹那间神鬼齐集，好不热闹。每当逢年过节，同乐园总要连唱十几天的大戏。陪皇帝看戏的，除了后妃之外，还有亲王大臣、外藩王公以及各国使臣。当然，妃嫔公主与男人们是要分开的，她们在楼上看戏。

同乐园西侧有一条皇家买卖街，大约有三四百米长。这个集市每年都要开上好几次，最热闹的当然是正月了。据长期在圆明园供职的法国传教士王致诚描述，每当赶集的时候，街上四五十个铺子的店门全都打开，商品琳琅满目，凡是在京城里能见到的，在这里都有个小号。有丝绸街、棉布街、瓷器街，有家具店、首饰店、书店，还有茶馆、酒肆、旅馆等等。水果、饮料、日用杂货应有尽有。那些开店的人，都由太监们来充当。

有趣的是，在买卖街"营业"的日子里，有的太监装作游客吵嘴打架，而被官员拿下用棍子打上一顿。还有的装扮成小偷，被当场捉住，出尽了洋相。每当皇帝来到集市的时候，跑堂的呼茶，店小二报账，掌柜的核算，叫卖声吆喝声此起彼伏，好一派热闹景象。皇家在这里买东西是次要的，重要的是他们要享受一下普通百姓的生活乐趣。

四、岛上寝宫

圆明园与紫禁城一样，也是前朝后寝。前面是办公区，后面是生活区。作为一座有山有水的大型园林，其帝后寝宫的配置，独具匠心，格外有特色。

圆明园内的寝宫主要集中在九州清晏景区一带，位于皇帝处理朝政的正大光明殿正北，前朝与后宫在同一条中轴线上。帝后寝宫在一个岛上，前后都是湖水，左右设有横跨溪流的小桥四座。

九州清晏殿是皇帝的主要寝宫，相当于紫禁城的养心殿。从雍正初年开始，在殿内就设有火炕取暖的卧室，分别叫东、西暖阁。档案文献记载，乾隆时期，每当冬天来临，圆明园内皇帝后妃的寝宫总共要安设取暖火炉 324 个。

道光时，在九州清晏殿的西头接了三间套殿。咸丰帝喜欢住这个套殿，就把道光帝原先赏

利用现代三维复原技术制作的圆明园中心区

给他的"同道堂"匾额，用在这里了。

慈禧太后其实也发迹于圆明园的小岛上。九州清晏的东路，是妃嫔的寝宫，总称"天地一家春"。咸丰帝住在园子里时，他的婉嫔、懿嫔、丽嫔以及5名贵人、2名常在都住在这里，各有一套院落。懿嫔就是后来的慈禧太后，因为她是在这里开始得到皇帝宠幸的，所以对"天地一家春"这个地方总是念念不忘。

五、皇家书院

皇帝住在圆明园期间，皇子们也跟着一起到园子里来读书。在清朝，皇子称为"阿哥"，阿哥们的书房称为"上书房"（道光以前也作"尚书房"）。圆明园的上书房，在前朝区东侧福园门内的洞天深处，与皇家画院如意馆一墙之隔，由南北相连的两个小岛组成，雍正帝亲笔书写的"斯文在兹"等四块匾额挂在殿堂之上。

皇子虚龄6岁正式入学，授课师傅由皇帝钦点。上课时间从清晨5点来钟一直到下午2点半，然后才放学吃饭。下午的课程是军事训练。皇子们在宫里练习走步射箭，到了开阔的圆明园，便练习骑马射箭。练武场所叫"山高水长"，也是别有一番寓意。根据档案记载，皇子们学习一年只放5天假，只有大年初一、端午、中秋、皇帝生日万寿节和自己的生日这5天可以放松一下。

乾隆帝当皇子时在圆明园的住所叫"桃花坞"，在后湖的西北角，取自陶渊明《桃花源记》的艺术意境，景色相当优美。他住进这里的时候是15岁，具体住的地方叫"桃花深处"，在桃花坞最北端的环山之中，非常幽静。乾隆帝很喜欢在这里读书吟诗，把书房取名为"品诗堂"。他从小就喜好诗赋，登基之后更是写诗成癖，走到哪里写到哪里，看见什么就写什么，一生竟写了四万多首诗。每次往返紫禁城和圆明园之间，在路上他都要写个十首八首的。

六、园子里的差役

圆明园里的服务人员有多少？根据清宫档案记载，在最鼎盛的时候，园子里的差役达到 2000 人。这其中，有管理园内事务的官员，有太监、宫女，还有做工的匠役、种田的农夫、养蚕的蚕户，以及喇嘛、道士等等。

圆明园内的太监最多时达到 620 名。他们主要负责皇帝后妃的起居生活，其中有一种技勇太监负有警卫任务，在平时还要练习长枪、腰刀和弓箭。正是这些技勇太监，在后来侵略者闯进圆明园时，拿起手里落后的武器，进行了一番顽强的抵抗，总算为国人争了一口气。

再说说园子里的匠役。乾隆五十二年（1787）规定，圆明园匠役的定额是 667 名，嘉庆十年（1805）增至 908 名。这些匠役，白天担负园内各处的洒水打扫，夜里轮流值班看护，还要负责园内 40 亩花圃的养护和 16 处宫殿四季花卉的摆放，以及园内各处进水、出水闸门的启动和关闭等等。园内大小船只，在乾隆十年（1745）时是 184 只，主要由太监经管。

圆明园很大，四周的门算起来共有 30 多个。凡是进入圆明园执行临时差务的官员和匠役，都必须走指定的门，并且要仔细核对身份才能放行。虽然规定很严，也有奉行不力的。乾隆二十一年（1756）的一次大清查发现，在圆明园当差的 540 名园户，竟有 95 人是冒名顶替的。乾隆帝知道后大为震怒，责令给每个园户制作两个火印腰牌，上面写明年龄和相貌，一个由园户自己携带，一个放在指定的园门处，每天委派专门官员查验核对。园户进入园子，由太监带到当差的地方，不能随意乱走。

七、拖家带口的护卫军

从雍正二年（1724）开始，圆明园就设置了专门的护军营，由八旗护军营和内务府三旗护军营组成，统辖营务的总统大臣由皇帝亲自委派。圆明园护军营人数最多时达到 6847 名，配备官马最多时 3244 匹。围绕着圆明园，总共设置了 133 处哨所。

在圆明园周围，为护军建起了 8 所大型营房。清代八旗制度是兵民合一的，不仅是军队组织，也是户籍组织。所以圆明园护军营的营房很大，每个营的最高官员——营总有房子 12 间，以下依次递减，但就连普通士兵也给 3 间房子，妻儿老小都住在一起。这种拖家带口的警卫部队战斗力不强，是完全可以想象的。圆明园护军营的武器装备，主要是长枪、弓箭、腰刀、梢子棍等。当时，能发射铅丸的鸟枪，就算是"军中利器"了。

除了圆明园护军营，在园子外围，还有一支绿营，这就是由九门提督直接统领的巡捕五营。他们在圆明园四周的土山、树林、桥梁以及偏僻小巷，昼夜巡逻。

圆明园的稽查把守，的确可以说是里三层、外三层。可是，这看似森严的拱卫，实际却是涣散软弱的。当英法联军闯进圆明园时，竟像进入无人之地，实在可悲！

圆明园的十二兽首

清朝的皇家园林圆明园，在咸丰十年（1860）英法联军入侵北京时被焚毁劫掠，这里的十二青铜兽首自此开始漂泊海外，成

圆明园兽首

为举世关注的国宝流失谜案。圆明园的十二兽首是怎么来的，这组清代皇家珍品都隐含着怎样的故事，这里略陈一二。

一、十二兽首是谁设计的？

在清宫档案中，有一件康熙五十四年（1715）八月十六日广东巡抚杨琳的奏折，这位南国封疆大吏向朝廷报告说，西洋画师郎世宁搭乘商船到达广州。康熙帝看过奏折，当即御笔朱批："西洋人着速催进京来。"康熙帝急着要见的这个西洋人郎世宁，原名朱塞佩·伽斯底里奥内，生于意大利的米兰。郎世宁19岁时加

入热那亚的耶稣会，不久即运用他的艺术才华为修道院内的教堂绘了两幅宗教画。那时的欧洲知识分子对中国文化极为向往，年甫弱冠的郎世宁就请求该会派他前往中国传教。这年十一月，康熙帝在皇宫召见了

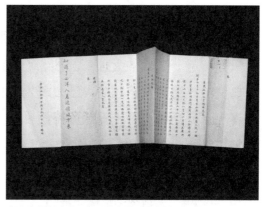

康熙帝御笔朱批："西洋人着速催进京来。"这个西洋人，就是乾隆时期主持设计十二兽首的意大利画师郎世宁

郎世宁。当时康熙帝已是 61 岁，虽然不赞成郎世宁所信奉的宗教，却把他当作一位艺术家看待，很是厚待。这位 27 岁的意大利传教士，从此开始了长达 50 多年的宫廷画家生涯。

在雍正年间，郎世宁向清宫画师们大力传授油画技艺，纯属欧洲绘画品种的油画，在清宫也流行开来，他甚至为雍正帝本人绘制了一幅披戴西洋发式的油画。从雍正二年（1724）开始，皇家园林圆明园进行大规模的扩建，这为郎世宁提供了发挥其创作才能的极好机会。郎世宁有很长一段时间就居住在这座东方名园内，画了许多装饰殿堂的绘画作品。内务府造办处档案记载，雍正帝对这位洋画师的作品十分赞赏，曾对一幅人物画的图稿写下这样的评语："此样画得好！"

乾隆帝不仅要把圆明园建为夏宫，而且还要在中国的皇家园林里建一批西洋楼，以示天朝大国无所不有。历史把郎世宁推到了圆明园西洋楼总设计师的位置上。这项工程从乾隆十二年（1747）开始，历经 12 年的时间，到乾隆二十四年（1759）才

结束。在这期间，郎世宁直接参与了圆明园内长春园欧式建筑群的设计和施工。在呈送乾隆帝的西洋楼蓝图中，人们可看到巨型的贝壳石雕、高耸的大理石圆柱、华丽的螺旋形柱头，完全是一幅典型的巴洛克风格画卷。正是因为郎世宁修建圆明园的西洋楼废寝忘食且功绩卓著，乾隆帝特地赏给他三品顶戴。乾隆三十一年（1766），时年78岁的郎世宁病逝于北京。

圆明园的十二兽首，就是乾隆帝建西洋楼过程中，由这个意大利人郎世宁主持设计的。另外，还有走进清宫的法国人蒋友仁也参加了设计监修。

二、十二兽首是干啥用的？

圆明园西洋楼建筑群有一处欧式园林的经典景观，那就是海晏堂。"海晏"一词，取自唐朝郑锡的《日中有王字赋》："河清海晏，时和岁丰。"意指黄河水流澄清，大海风平浪静，用以祝愿国泰民安。海晏堂正楼朝西，楼前的台阶下是一个大型喷水池。西方的喷泉设计，常用人体雕塑，而且大部分是裸体或者半裸体的。主持设计海晏堂喷水池的郎世宁，原本也是要在这里建造一组具有西方特色的裸体女性雕塑。可是，乾隆帝觉得这有伤风化，违背了中国传统的伦理道德，所以谕令重新设计。

根据乾隆帝的旨意，并经朝臣献策商议，郎世宁在海晏堂前面的喷水池最终设计出了十二个人身兽首雕像。所谓人身，就是雕像的身躯都是石雕的穿着袍服的人身造型；所谓兽首，就是雕像的头部是中国传统的十二生肖铜像。据载，当年这十二个人身兽首像呈"八"字形排列在海晏堂前的水池两边，南侧依次为子鼠、寅虎、辰龙、午马、申猴、戌狗；北侧依次为丑牛、卯兔、巳蛇、未羊、酉鸡、亥猪。一昼夜十二个时辰,由十二兽首按顺序轮流喷水,子时由鼠首喷水,丑时由牛首喷水,以此类推,每到一个时辰,相应的动物口中就会喷水两个小时。因为古人的一个时辰就是两个小时,十二个时辰正好是二十四小时。不过到了正午,当轮到马首喷水时,十二个铜像口中会同时喷射泉水,刹那间场面极为壮观。这样,人们在海晏堂前只要看到哪个生肖头像口中在喷射水柱,就可知道是什么时辰。应该说,西洋楼前这一组十二兽首喷泉,把中国传统文化中子丑寅卯的十二个时辰和子鼠、丑牛的十二生肖恰到好处地结合起来,是一座巨大别致的水力时钟,所以人们也叫它"水力钟"。别具匠心的十二兽首喷泉,给这座美丽的皇家园林实在增添了几分神奇色彩。

有这样一种说法,说十二兽首中马首最精致帅气,它那头顶上云朵般的造型和卷曲的毛发,显示出这是一个典型的欧式白马王子。马首之所以做得如此考究迷人,是因为制作十二兽首的当朝天子乾隆帝是属马的。也正因这样,每天正午12点,当轮到正中的马首喷水时,其他兽首的口中也呼应着一齐喷射水柱,形成十二兽首同时喷水的奇观。应该说,这是一种传闻!

根据皇家族谱《玉牒》记载,乾隆帝的爷爷康熙帝、父亲雍正帝,的确都是属马的,而乾

十二兽首喷水图

隆帝本人则是属兔的。乾隆帝在 72 岁那年正月到雍和宫拜佛后写诗作注："余实康熙辛卯生于是宫也。"辛卯，指的是康熙五十年（1711），是兔年。乾隆帝 79 岁那年正月，到雍和宫拜佛后又写一诗，注释中再次重申："予以康熙辛卯生于是宫，至十二岁始蒙皇祖养育宫中。"可见，乾隆帝生于辛卯之年，属兔而不是属马，这是确定无疑的。至于十二兽首中的马为何居中，这是按干支顺序排的，午马所代表的恰恰是正午时分，所以当马首喷水的时候，所有的兽首都一起喷水，这是中国传统的生肖与时辰的巧合，而不是设计者要拍乾隆爷的马屁，因为乾隆帝本不属马。

三、十二兽首为什么很珍贵？

圆明园的十二兽首，就其功能而言，原本是西洋楼前水力钟的喷头，更直接点说，是喷水池里的十二个水龙头。但这绝不是一般的水龙头，而是巧夺天工、无与伦比的皇家工艺珍品。为什么这样说？

首先，十二兽首是中西文化合璧的杰作。这组兽首铜像，是由西洋人郎世宁主持设计的，是西洋楼前喷泉的特殊构件，从设计者到特定用途，都充满着洋味。但是，设计者又吸纳了中国的传统文化，最终以十二生肖坐像取代了西方喷泉中常用的人体雕塑，这设计本身就融入了中华传统文化的元素。其实，这组水力钟和我国古代计时器——铜壶滴漏的原理是一样的，不过是经过了洋人的点化。至于十二兽首的制作，则是由清宫匠师们承担的。正因这样，十二兽首铜像既有浓郁的中国传统审美趣味，也融合了西方造型艺术的特点，实在是体现中西方文化交融的皇家艺术珍品。

其次，十二兽首的用料十分考究。它所用的精炼红铜，是专门为宫廷炼制的，内含诸多贵重金属，与紫禁城、颐和园陈列的铜鹤铜龟等所用的铜相同，颜色深沉，内蕴精光，历经数百年风雨而不锈蚀，堪称一绝。

第三，十二兽首的制作极其精致。这组兽首由专门为皇室服务的宫廷造办处的工匠们精心制作，每个青铜兽首高约 50 公分，为写实风格造型，以失蜡法一体铸造成型，神态栩栩如生，兽首上的褶皱和绒毛等细微之处，都清晰逼真，堪称康乾盛世铜铸工艺水平的巅峰杰作。

第四，十二兽首已成为具有特殊内涵的历史文化名片。十二兽首从繁华的盛世走来，又经过惨烈的浩劫而流浪环球。经过 300 年的风风雨雨和颠沛流离，十二兽首已远不是大喷泉的水龙头。这组皇家兽首，见证着历史，承载着屈辱，是具有鲜明特色的皇家印记与历史符号。如果说古埃及的狮身人面像充满魅力，那么，清朝的皇家园林圆明园里的人身兽首像则更有几分神秘色彩。

四、十二兽首今何在？

1860 年，圆明园这座无与伦比的皇家园林遭到灭顶之灾。英法联军攻占北京，在圆明园内大肆烧杀抢掠，火烧三天，无数珍宝或被焚毁，或被劫掠。野蛮的英法侵略军见十二座人身兽首雕像无法整体搬走，就将头部铜像生生锯断抢走。由于十二兽首在圆明园数以百万遭到浩劫的文物中最具特色，因此已经成为圆明

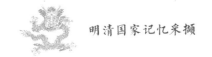

园海外流失文物的象征。几经沉浮，十二兽首今天各在何处？

鼠首。2013年6月，法国的皮诺家族将所购流失海外的红铜鼠首无偿送还中国，入藏国家博物馆。

牛首。2000年4月，在佳士得香港春季拍卖会上，中国保利集团以774.5万港元购得，入藏保利艺术博物馆。

虎首。2000年5月，在苏富比香港春季拍卖会上，中国保利集团以1544.475万港元购得，入藏保利艺术博物馆。

兔首。2013年6月，法国的皮诺家族将所购流失海外的兔首与鼠首无偿捐赠中国，兔首与鼠首一起入藏国家博物馆。

龙首。下落不明。2009年3月，据深圳卫视报道，中国台湾收藏家在接受采访时曾表示，龙首在台湾，且保存完好，但一直没有面世。又据报道，2018年12月，在法国巴黎的一场小型拍卖会上，疑似圆明园十二生肖之一的龙首，最终以2400万元人民币的价格被一华人买家购得。关于龙首，尚难验明正身。

蛇首。下落不明。

马首。2007年10月，在苏富比香港秋季拍卖会举行之前，澳门爱国实业家何鸿燊花费6910万港元购得，并将其捐赠国家，如此巨资购回马首让世界震惊。马首铜像作为第一件回归圆明园的流失海外重要文物，于2020年12月被划拨入藏圆明园管理处。

羊首。下落不明。

猴首。2000年4月，在佳士得香港春季拍卖会上，中国保利集团以818.5万港元购得，入藏保利艺术博物馆。

鸡首。下落不明。

狗首。下落不明。美国《世界日报》2009年4月报道，有居住在美国弗吉尼亚山区小镇的华人称，自己在旧货店以 1000 美元购得狗首铜像，但真假难辨，相传藏于美国银行保险柜。

猪首。1987 年，猪首被美国一家博物馆购走。2003 年 9 月，澳门爱国实业家何鸿燊向基金机构捐赠 600 万港元专款，将猪首铜像购回，并捐赠国家，入藏保利艺术博物馆。

这样，清代皇家园林圆明园的十二兽首，截至 2020 年 12 月，已有 7 尊回到北京。其中，鼠首、兔首，入藏国家博物馆；牛首、虎首、猴首、猪首，入藏北京保利艺术博物馆；马首，入藏圆明园管理处。至于龙首、蛇首、羊首、鸡首、狗首等 5 尊，仍然下落不明。圆明园的十二兽首走的是一条漫漫回家路……

颐和园里的皇家海军学堂

《清宫颐和园档案》是中国第一历史档案馆所藏有关颐和园历史的一部专题档案汇编。所辑档案时间，始自雍正，迄于宣统。全书影印出版，依次分为政务礼仪卷、园囿管理卷、营造制作卷、陈设收藏卷，是颐和园历史研究的第一手文献资料。这里，沿着官藏档案的印记，走进颐和园里的皇家海军学堂作一浏览考察。

清朝末年，在西学东渐的近代大潮中，随着西洋船械的引进，清政府相继开办了一批新型军事学堂。到甲午战争前，海军学堂就有 12 所。如果说，濒临大海的福建船政学堂、北洋水师学堂还有些近代海军教育的模样，那么，设在皇家园林颐和园里的海军学堂则是变了味的。这是一个专门培养八旗子弟的皇家海军学校，因设在颐和园内的昆明湖畔，通常称为"昆明湖水操学堂"，其全称是"京师昆明湖水操内外学堂"，又因为这所学堂直属海军衙门，所以也叫"海军内外学堂"。由此，昆明湖扮演了一次大清皇族海军人才培养基地的角色。

一、设立"昆明湖水操学堂"的缘起

光绪皇帝的父亲奕譞，在光绪十一年（1885）受命组建海军衙门，接手总理海军事务大臣一职。第二年，即光绪十二年（1886）夏日，奕譞赴天津检阅已经正式成军的北洋水师，这是清廷高层统治者第一次检阅新式海军。

光绪皇帝的父亲、海军大臣奕譞

面对北洋水师的规制与阵容，总理海军事务大臣奕譞感受到新式海军的威力。同时作为清廷皇室权贵的代表，奕譞对北洋水师完全掌握在汉人手中的状况也引发了忧虑，而且在当时全国各地纷纷开办的所有水陆军事学堂的学生全部都是汉族人，这不能不触及这位满族权贵内心深处的政治敏感，于是奕譞将目光投向清王朝的根本依恃八旗子弟的身上。回京后，奕譞斟酌再三，于光绪十二年（1886）八月十七日写了一道奏折，明确提出"酌拟规复水操旧制，参用西法，以期实济"。在奏折中，奕譞向慈禧太后谈到，"此次查阅北洋，于武备、驾驶、管轮各学堂悉心研考，见其地理、戎事、测量、算化等学，有条不紊，实足为济时要务。因思八旗之众，聪颖骁健者实不乏人，只为见闻所囿，虽具美质无可表见，亟当乘时教练，预储异日将材，庶不负皇太后体念时艰之至意"。奕譞进而奏请说，"查健锐营、外火器营本有昆明湖水操之例，后经裁撤，相应请旨仍复旧制"。奕譞的奏折有三层意思：一是，考查北洋的新型水师学堂，其建学模式、课程设

195

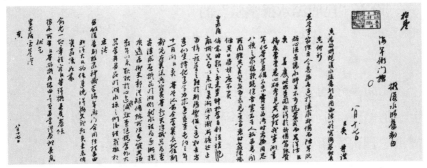

海军衙门关于请设昆明湖水操学堂的奏折

置和管理成效均很允当，堪为"济时要务"。二是，八旗子弟虽然聪颖，但是见识太浅，徒有其表，亟需抓紧教练，目的是"预储异日将材"，也就是要为日后满人掌管海军储备人才。三是，大清朝本来就有"昆明湖水操之例"，所以请太后下旨恢复旧制。奕譞的核心意思是，以恢复昆明湖水操旧制的名义，批准海军衙门在这里开办水操学堂，专门培训八旗子弟海军人才。

这里，奕譞提到的"昆明湖水操之例"，指的是始于乾隆十六年（1751）的昆明湖水上操演。据载，那时乾隆皇帝每年在昆明湖上以八旗特种部队健锐营中的船营习演驾船水战技术，参加水战的还有从天津、福建各水师营选送的教习及水手百余名，战船十多艘。这种水战操演，到嘉庆之后，随着清朝的由盛转衰而取消了。可以说，乾隆时期带有军事操演性质的昆明湖水操与引进西学巩固海防为主旨的新式学堂是根本不同的。奕譞是为了避免守旧派官僚的反对和阻挠，借题发挥，策略性地打出"规复水操旧制"，利用时人对祖制的遵从，来兜售自己的创制之举。正如一年后奕譞在给李鸿章的私人信件中所坦言："昆明（湖）习战，不过借一旧制大题，实则开都中风气。"

很明显，奕譞关于在昆明湖兴办皇家海军学堂的倡议，包含着培养八旗水师人才以确保将来对海军的管控权的另番用意。奕譞上奏的当天，朝廷便批准了这一奏请。当时，16岁的光绪皇帝还没有亲政，军国大事都由垂帘听政的慈禧太后予以了断。档案记载，就在光绪十二年（1886）八月十七日这一天，慈禧太后便对海军衙门关于

慈禧太后对海军衙门奏请颁发懿旨："依议。"

在昆明湖兴办水操学堂的奏请发下懿旨："依议。"

曾有人说，慈禧太后之所以如此爽快地答应了奕譞的奏请，是要以开办昆明湖水操学堂的名义，挪用巨额海军经费，以尽快重修被英法联军毁坏的清漪园，也就是后来慈禧太后常年享用并且改名的颐和园，而在山水一色规制宏大的颐和园里，湖边的水操学堂不过是个小小的陪衬而已。不管怎样，有了当朝老佛爷慈禧太后的首肯，仅仅几个月之后，在昆明湖西北岸就建起了一座水操学堂。

二、水上"贵胄学堂"的规制与管理

根据档案记载，昆明湖水操学堂于光绪十二年（1886）十二月十五日举行开学典礼。这个颐和园里的皇家海军学堂，完全仿

照天津北洋水师学堂的建学模式，分为内学堂和外学堂，共有219间校舍，学制为5年。内学堂，建在昆明湖西北岸原耕织图水村居的废墟上，有校舍103间，课程主要学习西法测算、天文、驾驶等航海技术。外学堂，建在昆明湖西北岸原耕织图织染局的废墟上，有校舍116间，课程主要进行行船、布阵及施放枪炮等方面的基础训练。从教学内容的设置和主持官员的级别看，内学堂的地位要高于外学堂，内学堂学生是重点培养对象。昆明湖水操学堂的学生，主要从皇家近卫部队——健锐营、外火器营中挑选有一定文化基础、年力精壮的官兵子弟，第一批学生共有60名。该学堂是海军衙门的直属机构，设总办、帮总办、管带、提调等官员进行管理。教习即教师，由北洋大臣李鸿章拣选精通西学的人才和金州水师营的军官担任。

清廷本意是要把昆明湖水操学堂打造成培养皇族海军人才的基地，但由于它的种种特殊，却成为一个蹩脚的海军学堂。

昆明湖水操学堂的特殊之处之一，它实际是皇家的"贵胄学堂"。这个学堂的全部学生及绝大多数官员都是满人。特别是学堂的官员，有不少是来谋肥差的皇亲国戚，譬如桂祥是慈禧太后的亲弟弟，载林是皇族宗室至亲，德峰则是和硕额驸即亲王之婿。这些皇族官员，大多是把水操学堂看作官场上的补缺衙门，只是挂职应差而已。

昆明湖水操学堂的特殊之处之二，它的训练是华而不实的。昆明湖是咸丰十年（1860）被英法联军烧毁的清漪园的一部分，慈禧太后把乾隆时期建成的清漪园改名颐和园，就是要作为颐养天年之所。可以说，这个昆明湖充其量也就是一个风光绮丽的景观湖，它和海军学校通常所濒临的大海大江相比，只能算作"一勺水"。在昆明湖内，是根本不能行驶真正的海军舰艇的。光绪十三年（1887），海军衙门从天津机器局专门定造了一批适合浅水用的小型船只，其中有平底钢板小轮船一艘，称为"捧日"号；钢板坐船一只，称为"翔凤"号；以及二只洋舢板，八只炮划；天津海关道周馥又出资捐献了一只小轮船，名为"翔云"号。这十几艘大小船只，共用工料银两万多两。虽然订制的就是只能用于浅水的小型船只，但湖里水浅行船难的问题仍然没能根本解决。可以想见，皇家园林里的一湖浅水，怎能培养出要面对汹涌波涛的海军。

昆明湖水操学堂的特殊之处之三，它把慈禧太后的个人游玩娱乐视作至高要务。光绪十四年（1888）八月，水操内学堂向海军衙门报告称：现在昆明湖演练驾驶轮船，所有绣漪桥及玉带桥一带船道存水过浅，不能浮送船只，呈请闸板蓄水以资演练。于是，海军衙门不得不再向朝廷奏报，并给负责昆明湖涵闸水位管理的奉宸苑发去咨文，所提理由却是耐人寻味："该学堂演驶轮船，原为恭备拖带安澜御坐船，系属要差，自非寻常操船可比，若不蓄水深足，难资演练，特恐临时致滋贻误，相应咨行奉宸苑，饬将青龙桥、广源闸各闸板墩齐以养湖水而资演练可也。"这份档案明白无误地告诉人们，水操学堂演练轮船的目的，原本竟是为了拖带慈禧太后游昆

昆明湖

明湖时乘坐的"安澜"号御船。可见，设法博得慈禧太后的欢心已经成为昆明湖水操学堂的"要差"。

三、"昆明湖水操学堂"的裁撤

由于昆明湖水操学堂的设立初衷和实际运作都走了样，这所学堂本应担负的近代海军教育功能被严重扭曲，其教学质量也就大打折扣。另外由于不少八旗子弟受不了功课之苦，对于海军学习兴趣不大，纷纷想方设法调离，学堂开办仅仅过去一年多，招来的第一批 60 名学生就走掉了约三分之一。到了光绪十八年（1892）五年学习期满，能够留在学员花名簿上的肄业生就只有36 人了。他们是：万庄、广顺、广志、文衡、文通、文俊、文连、贝都里、庆春、凤瑞、乌勒兴阿、全成、全春、吉连、吉升、伊兴阿、秀恩、荣志、荣续、荣厚、荣云、荣福、荣安、荣英、胜安、胜林、胜俊、郭什春、恩升、博顺、喜昌、景林、期颐、德印、增林、增龄。由此看来，水操学堂招来的第一批学生，还没毕业就只剩下一半了，八旗的纨绔子弟也确是终难成才。

昆明湖水操学堂这 36 名八旗子弟，虽然名义上学的是海军驾驶，但一直还没见识过真正的大海，只能算是半成品，他们还要经过考试择优进入天津水师学堂再进行实地学习。结果，有 24 名学生成绩超过 180 分，被天津水师学堂录取，成绩稍差的 12 人退回原旗。留在天津水师学堂的 24 名学生中，后来又先后有 15人被神机营调用，剩下的 9 人经过一个时期的集训后，被派到北洋舰队的"康济"号实习。这样，最终实际完成海军全部教学内容的毕业生仅为 9 人。一所惊动朝野的皇家海军学堂，其成果只是这么几个学生，也实在可叹。

昆明湖水操学堂实际只办了第一届，招收 60 人，仅有 9 个人算是真正毕业。后来，又招收了第二届 40 名学生。然而，不到两年的时间，就发生了中日甲午战争。在这场战争中，北洋水师全军覆灭。光绪二十一年（1895）三月，海军衙门以北洋舰队及海军基地全部失陷，无要事可办，上奏朝廷请求将海军衙门自行停撤，在这一奏折的末尾还写道："海军内外学堂，亦请暂行裁撤。"海军衙门的奏请很快得到朝廷的批准，名为"暂行裁撤"，实际却是寿终正寝。这样，昆明湖水操学堂这个皇家海军学校总共存在 9 个年头，就随着海军衙门的裁撤而关闭了。

值得一提的是，甲午战败后，清朝的海军建设一度低迷。后来，在摄政王载沣的力主下，又建起了海军部，并组建了以海防为主的巡洋舰队和以江防为主的长江舰队。这时，当年昆明湖水操学堂的几个毕业生倒是派上了用场。其中，喜昌担任"海容"舰管带（舰长），吉升担任"海容"舰帮带（副舰长），荣续担任"海琛"舰管带（舰长），胜林担任"镜清"舰帮带（副舰长），博顺担任烟台海军警卫队统带（队长），荣志担任海军部参赞厅二等参谋。到了民国时期，从昆明湖水操学堂毕业的学员中，还有几人还在海军中任职，成为颇值玩味的一段历史。

西苑三海的理政与休闲

　　明清时期，紫禁城西侧的南海、中海、北海合称三海。当时统称西苑、西海子，也叫太液池。三海作为皇家禁苑，始拓于金、元，是金代离宫万宁宫的所在地，元代营建大都时，划入皇城范围。明代嘉靖、万历年间的大规模土木工程，奠定了三海的基本格局。清代又进行多次增扩改建，其建筑格局一直保留下来。现在中海、南海为我国国家领导人办公、生活的地方，因此习惯上将此区域连称为"中南海"。应该说，在中南海的历史进程中，清代所做的兴修和改建最为重要，整个园林的主要建筑，大多是乾隆时期完成的。这样，历经明清数百年的递加增饰，中南海成为一座建筑精巧、风景如画的皇家园林。在清朝最盛时，主要景观有百余处之多。这里的一台一阁，一楼一榭，都透着中国古典园林的文化精髓，具有极高的艺术价值。因与紫禁城近在咫尺，中南海不仅是清朝帝王后妃们怡情赏玩的游宴胜地，也成了清帝举行各种政治活动的重要场所。

　　作为国家清史工程出版项目，中国第一历史档案馆将清宫所藏中南海档案全面整理、系统出版。这套《清代中南海档案》辑录宫藏秘档 3110 件，其时间始自顺治八年（1651），直至宣统三年（1911）。全书共分5卷30册，依次为：政务活动卷、帝后生活卷、陈设收藏卷、修建管理卷、君臣诗文卷。这些原本深藏于内府秘阁的珍贵档案，绝大多数是首次公之于众。透过这些翔实可靠的内府档案，我们可从不同侧面了解到清代西苑三海的史实与史迹。

一、丰泽园的"御稻米"

从清初开始直到清末，清朝诸帝常常驾临中南海，或宴请赏赐少数民族王公贵族，或观武阅射举行武殿试，或接见各国使臣，并时常驻跸于此，处理天下政务，接见内外臣工，发布各类谕旨，由此中南海成为与故宫紧紧毗连的又一政治中心。正因如此，清朝许多重大决策和重要事件，在中南海档案中都有直接反映。

康熙重视农业，他特意在南海修建丰泽园，"丰泽"之名的寓意便是与民同耕，共庆丰收。康熙每年都要在丰泽园亲自扶犁耕作，采桑养蚕。而且，据史料记载，就在丰泽园南面的那几亩稻田中，康熙最先发现有的稻谷提早成熟，于是他每年将早熟的稻穗留做种子待来年播种，终于以"一穗传"的育种方法，

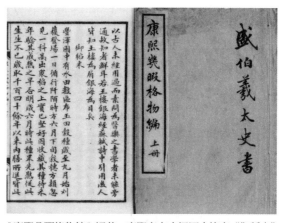

《康熙几暇格物编》记载：康熙帝在丰泽园内培育"御稻米"

乾隆御题紫光阁额匾

培育成了新的早熟稻。这种早熟稻很快在民间广泛播种，被称为"御稻米"。

中海高大宏伟的紫光阁，是清朝皇帝举行武殿试的特殊考场。凡遇武科殿试之年，在十月二十日前后，皇帝都要亲临紫光阁大幄，对考生进行马射、步射、开弓、舞刀、掇石等项目的考试，录取的第一名就叫武状元。乾隆以"十全武功"自誉，他将征战准噶尔、大小金川、台湾等各地的功臣们绘制成画像挂在紫光阁，前前后后共有4批280人，以此来表彰他们的功绩。

按照清朝的典制，每年正月，皇帝都要例行赐宴外藩和蒙古王公。过去多在南海的丰泽园，从乾隆二十六年（1761）以后，就改在紫光阁，直到清末。清朝皇帝在筵宴活动中，专门安排演奏少数民族的乐曲，表演民族舞蹈等节目，用尊重少数民族风俗习惯的办法从感情上笼络人心。同时，也安排外藩王公参观紫光阁悬挂的战图、功臣像、缴获的兵器等等，以此炫耀国威，使他们慑服。

二、紫光阁小铁路

清宫档案相当具体地记录了清朝的帝王后妃们在西苑三海的起居休闲生活。这包括日常起居、吟诗作画、服饰穿戴和膳饮用医等各个方面，其中有很多事情颇具情趣。

在电视剧《还珠格格》中，有小燕子大闹宝月楼的故事。真实的宝月楼，在南海的南岸，也就是今天的新华门。据载，乾隆皇帝的后宫中有位新疆维吾尔族女子叫容妃，也就是民间盛传的身上散发香味的香妃。乾隆对香妃倍加宠爱，专门为她建造了宝月楼。而且，在宝月楼的对面还建起了一个回回营，供香妃登楼眺望，以慰思乡之情，因此宝月楼也叫"望乡楼"。

西苑三海有火车，这让人听来很新鲜，但这却是真的。为了这个小火车，李鸿章是下了一番功夫的。原来，洋务派李鸿章等大臣为了让清王朝的实际统治者慈禧太后对修建铁路产生兴趣，进而给予支持，便想方设法要在皇家园林内修一条小铁路，好让慈禧太后先享受一下，有点好感。于是，光绪十四年（1888），在李鸿章的操办下，西苑内修建了一条专供慈禧乘用的小铁路。保存至今的《中海铺修铁路图样》《北海至中海铺修铁路图样》等平面画样显示，西苑铁路南起中海的紫光阁旁，向北经中海北门（福华门），穿入北海的西南门（阳泽门），沿北海西岸向北至极乐世界，再折转向东，终点设在镜清斋（后改名静心斋）。这条小铁路总长约 3 华里，也被称为"紫光阁小铁路"。为解决日常穿行问题，这段铁路设计为活铁路，每当启用临时组装，在紫光阁

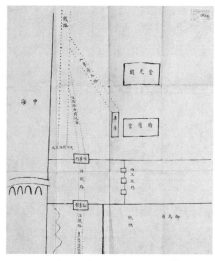

清宫珍藏：《中海铺修铁路图样》

旁备有车库。皇家御园的铁路修成后，李鸿章从法国新盛公司订购了一台机车和六节客车。闲暇时，慈禧经常偕同光绪皇帝及王公近臣乘坐小火车。为显示皇权的尊贵，慈禧和光绪乘坐的车厢用的是黄绸窗帷，而其他王公外戚乘坐的车厢是红绸和蓝绸窗帷，以示区分。这实在是一列装饰豪华的小火车，可以想见，从中海的紫光阁到北海的镜清斋这短短的路程，慈禧和光绪坐在小火车上，前呼后拥，是多么的神气和威风，这与平日乘坐的轿子比起来，肯定是别样的感觉。李鸿章的这一招很奏效，就在紫光阁小火车通了之后，慈禧太后感觉不错，很快，卢汉铁路、津通铁路、津浦铁路、京奉铁路、京张铁路相继兴工。

三、仪鸾殿的兴建与焚毁

西苑三海各处景点修建管理和陈设收藏方面的情况，在清宫档案中也有着十分详细的记录。如紫光阁、勤政殿、仪鸾殿、瀛台、宝月楼、丰泽园等各项修建工程的银两估算和钱粮奏销簿册，承修承做各项工程的具体方案、尺寸清单和活计清册，还有在各处楼阁殿台安放和陈设有关器物的具体谕旨等等。

内务府黄册记载，乾隆二十五年（1760）大规模修缮紫光阁，用了大约一年的时间，共花掉白银 65592 两。修缮后的紫光阁非常宏伟，共有 7 间，是两层重檐楼阁，这一格局一直保持到今天。

清末光绪年间，在中海西岸建起了一座特殊的建筑，这个被称为仪鸾殿的宫殿群，便是慈禧太后的寝宫和归政的颐养之所。仪鸾殿的兴建工程从光绪十一年（1885）开始，历经四年，直到光绪十四年（1888）六月，慈禧才正式住进去。内务府保存的《仪

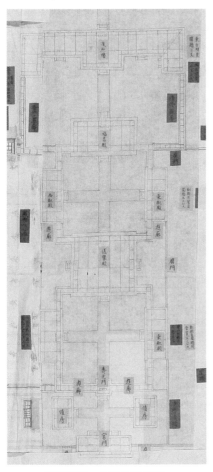

清宫珍藏：《仪鸾殿图样》

鸾殿做法清册》等档案记载，仪鸾殿在施工过程中一直称为两卷殿，因这个宫殿的殿顶呈两卷式，直到工程即将完工时，才正式改称为仪鸾殿。仪鸾殿坐北朝南，面阔五间。东室是慈禧的寝宫，中间用于召见王公大臣，另外还有东、西配殿。据《仪鸾殿陈设账》记载，慈禧的仪鸾殿内陈设着近千件珍宝，其中有玉器、瓷器、玻璃器皿，还有各式各样的钟表和宝石。这些陈设物品有一部分来自大臣的进贡，如袁世凯献给慈禧的一件"四季花镜"，上面除镶有墨绿玉、蓝宝石外，还有珍珠 54 颗。

光绪二十六年（1900）八国联军侵入北京，中南海成为联军司令部的驻地，联军总司令瓦德西挟名妓赛金花干脆住进了慈禧太后的寝宫——仪鸾殿，达半年之久。不料，1901 年 4 月 17 日深夜，仪鸾殿突然起火，瓦德西从睡梦中狼狈逃出，而联军参谋长则被活活烧死在殿内。慈禧太后费尽心机，耗资数百万两白银建造的仪鸾殿，仅仅享用 12 年，就被侵略者掠据践踏，最终在火灾中化为灰烬。

　　慈禧西逃回京后，下令重修仪鸾殿，清宫珍藏的《重建仪鸾殿设计全图》见证了这段历史。慈禧于光绪三十年（1904）十月二十六日再次移驾仪鸾殿，这一年正逢慈禧七十大寿。光绪三十四年（1908）十月二十一日，年仅38岁的光绪皇帝病死在南海的瀛台涵元殿。第二天，慈禧太后也在中海的仪鸾殿归天了。慈禧修建的仪鸾殿，辛亥革命后改名怀仁堂。

庚子秘档中的国耻记录

国家清史编纂工程启动后，作为第一批档案史料出版项目，中国第一历史档案馆推出了《庚子事变清宫档案汇编》。这是该馆所藏庚子（清光绪二十六年，公元1900年）年间的密档总集，它翔实而系统地反映了1900年八国联军悍然侵华的全部过程及晚清政府丧权辱国的内中情由。这部18册的档案汇编，辑录清宫档案6600余件，

《庚子事变清宫档案汇编》书影

按内容依次分为：八国联军侵华卷、慈禧光绪西逃卷、辛丑条约谈判卷、庚子赔款筹付卷。

清宫所藏有关八国联军侵华档案，是晚清政府在庚子、辛丑（清光绪二十七年，公元1901年）年间的记录，其中有朝廷的旨令，更有臣工的奏折、官衙的咨呈，还有不少统计清单。这些档案，以前没有做过专题整理，经多年发掘并首次系统公布，其史料价值当是弥足珍贵的。这里，让我们从个案角度来管窥庚子档案背后的国耻记录。

一、关于八国联军对皇宫的劫掠

侵华联军总司令瓦德西曾说："中国此次所受毁损及抢劫之损失，其详数将永远不能查出。"这话反映的当是实情。但我们透过留存下来的清宫档案，仍可了解一二。

档案中有一份记录八国联军在光绪二十六年（1900）八月十五日至九月初二日期间陆续进入皇宫大内的清单。其中写道："各国洋人进内日期开后：八月十五日，文廉带日本、俄国30余人；八月十七日，景运门文廉、特登额、全寿带日本、美国20余人……"从这份清单中我们可了解到：第一，在这近50天的时间里，八国联军一直没有停止到大内活动，先后共有27批。第二，闯入紫禁城的洋人，一般每次都是几十人，多的达到千余人，有时甚至连女眷也带了进去。第三，这些进入大清皇宫的洋人的的确确反映出了"联军"的侵略本性，俄、美、日、英、比、法、德等各国均单上有名。这份清单，仅仅是八国联军在不足两个月的时间里进宫情况的记录，至于在联军占据紫禁城一年多的时间里，共有多少列强闯入，就可想而知了。

八国联军在紫禁城

八国联军在"参观"清宫的过程中没有一个不顺手牵羊的，那么，这帮列强究竟"拿"走了多少珍宝？这恐怕永远是个谜。不过，我们可从一些不完整的档案的不完全记载中窥知大概。清宫内务府总管世续、文廉在事后曾对宫中各处损毁情况做过清查，这里试举几则奏报：

其一，"御茶膳房所存金银器皿，计失去金器68件，银器54件"。

其二，"银库，失去金杯3个，托盘8个，银执壶1把，折盂1件，杯盘1份，一两重银锞117个"。

其三，瓷库"库门右鱼鳃板下挖成一洞，当即查看，遗失馗瓶1座，雍正款瓶40余件。其余各款瓷瓶及各项瓷器，遗失若干，尚未查明"。抱厦库"盘碗等项约失去300余件"。

其四，"紫禁城外营造司器皿库、房库、木库、皮库、外库存储物件，以及官三仓、恩丰仓所存米石，官房租库所存银两、钱文，全行遗失无存"。

另外，据内务府奏折，八国联军除劫掠清宫巨量珍玩外，还抢走不少档案秘籍，皇史宬的《实录》《圣训》就被掠走51函235卷。

二、关于慈禧西逃途中的奢靡生活

光绪二十六年（1900）八月十五日凌晨，在八国联军攻打北京的枪炮声中，慈禧太后挟光绪皇帝西逃，开始了一年零四个月的流亡生活。

西逃之初，因是仓皇离京，沿途兵荒马乱，尚无人接应。但到太原、西安后，慈禧太后又过起了"体面"的生活。据档案记载，慈禧太后西逃太原以后的菜谱每天都是百余种，仅是用膳每日就要花掉 200 多两银子。为满足浩繁开支，慈禧太后在太原以光绪帝名义颁布上谕，"暂行巡幸太原，一切度支，均关紧要"，命令各省将应解京饷钱粮转送太原、西安行在。据档案统计，截止到光绪二十七年（1901）二月，各省解往行在的各项银两就达 500 多万两，粮食近 100 万石。慈禧太后一行沿途搜刮，致使地方官被迫悬梁、服药自杀的现象时有发生。

慈禧太后回銮时，从西安到北京共设富丽堂皇的行宫 37 座。在开封逗留的一个月期间，慈禧太后大搞庆寿活动，连演数天大戏，多次举办盛大宴会，仅是宴请群臣的桌椅、餐具和茶具，就花费白银 3 万多两。所有这些，都有档案清单记载。

三、关于受惩处的清廷大臣

慈禧太后曾以光绪帝名义发布上谕，说庚子之乱"皆因诸王大臣等纵庇拳匪"所致，将"致祸之由"推脱得一干二净。《辛丑条约》第二款第一项规定，对清朝"首祸诸臣"须严厉惩办。但究竟是如何惩处的，以往史料往往语焉不详。档案揭示，在列强的步步紧逼下，清政府先后三批惩处"祸首"。

《军机处上谕档》记载，第一批惩处 12 名大臣。就此，光绪二十六年（1900）十二月二十五日、光绪二十七年（1901）正月初三日先后两次颁发上谕，主要是处理那些"庇护拳匪""纵容围攻使馆"的朝中诸臣。其中，庄亲王载勋，赐令自尽；端郡王载漪、辅国公载澜，流放新疆，永远监禁；吏部尚书刚毅，定为斩立决，因已病故，追夺原官；都察院左都御史英年、刑部尚书赵舒翘，赐令自尽；礼部尚书启秀、刑部左侍郎徐承煜，立即正法；

大学士徐桐、前四川总督李秉衡，均为斩监候，因临难自尽，并已革职，撤销一切恤典；另有山西巡抚毓贤，立即正法；甘肃提督董福祥，即行革职。这样，第一批12名"祸首"，有9名死罪（其中6名实际执行），2名流放，1名革职。第二批惩处56名，时间是光绪二十七年（1901）三月；第三批惩处50余名，时间是在光绪二十七年七月。第二、三批惩处的百余名官员，主要是地方上对发生排外骚乱和杀害传教士案件"难辞其咎"的知府、知县等官。这些清政府的替罪羊，或被斩杀，或流放边地，最轻的也是"革职监禁"。档案中开列的这一串串遭受灭顶之灾的官员姓名，从一个特殊角度记录了清政府的无能与耻辱。

这里所披陈的仅是就小量档案进行的个案窥视。而在巨量庚子档案的背后，还有多少数不清的百姓辛酸、道不尽的民族苦难呢？

慈禧太后为何叫"老佛爷"

晚清以来，人们只要一提起"老佛爷"，自然而然想到的就是慈禧太后了。佛爷，原本是佛教徒对佛教始祖释迦牟尼的尊称，后来也泛指佛经中说到的所有的佛。这样一个神圣的称号，怎么会和清朝末年的慈禧太后联系在一起呢？慈禧太后与佛到底有多少"缘分"呢？

慈禧太后油画像

一、两首拜佛诗

在《清宫词》中，有一首慈禧太后参禅拜佛的诗：

> 垂帘余暇参禅寂，妙相庄严入画图。
> 一自善财承异宠，都将老佛当嵩呼。

诗后留下这样的注释："孝钦（慈禧谥号）后政暇，尝作观音妆。以内监李莲英为善财，李姊为龙女，用西法照一极大相，悬于寝殿宫中，均呼孝钦为老佛爷。"
这首诗及注向人们披露，慈禧太后在
垂帘听政的闲暇时间里，曾拜佛坐禅，
她还扮作观音照相，并把巨幅相片悬
挂在寝宫内。

慈禧太后观音扮像

　　文献记载，光绪二十年（1894），
慈禧太后六十大寿时，"自加徽号，
令承直（当值、侍奉）人等统称她作
老佛爷，或称她作老祖宗"。所以，"老
佛爷"的称号，是慈禧太后60岁生日
的时候自封的，她是要把自己打扮成
普度众生、功德无量的人间活佛。自此，
"老佛爷"的称呼就不胫而走了。

　　另有一首《清宫词》，也讲到了慈禧太后进香拜佛的事。诗曰：

> 采旗八宝焕珠光，浴佛新开内道场。
> 昨夜慈宁亲诏下，妙高峰里进头香。

　　诗后的注释这样写道："京师西山亦名妙高峰，上有天仙圣
母庙，每年四月朔日（农历每月初一）开庙会。孝钦曾为穆宗（同
治皇帝）祈痘于此，先期予诏庙祝，必俟宫中进香后，始行开庙，
谓之头香。"

　　这首诗，前两句讲的是农历四月初八日浴佛节，皇宫里新开
供佛的内道场时的盛况；后两句则是说，慈禧太后曾到妙高峰天
仙圣母庙进头香，祈求保佑她的独生子、正出天花的同治皇帝。

二、三张观音照

晚清时期的皇宫内苑，留下了不少生活照片。其中，有三张是慈禧太后扮作观音拍照的，很能说明慈禧太后的奉佛。

第一张，扮作观音的慈禧太后端立着，头戴毗罗帽（僧帽），外加五佛冠，每一莲瓣上都有一佛像，代表五方五佛。五佛冠两侧各垂着一条长飘带，上面写有汉字六字真言："唵嘛呢叭咪吽"。慈禧太后左手提着净水瓶，右手拿着柳枝，端立在盛开的荷花丛后，身后是山石丛竹的布景，正中悬挂着一幅云头状牌，上面写着"普陀山观音大士"七个大字。慈禧太后左右各站立一人，左边是太监李莲英，穿一身戏装，头戴武士帽，双手合十，两个手腕上各挂拂尘一个，扮的是护法神韦驮天尊（传说中四大天王手下的一名将军）。慈禧太后右侧站着一位俊俏少女，身穿莲花衣，梳着"两把头"，双手捧书一函。在这里，慈禧太后俨然是位十足的观音。

慈禧装扮观音的照片，慈禧左侧是大太监李莲英

第二张观音照中，慈禧太后坐在正中，左手捧着净水瓶，右手执念珠一串，身穿团花纹清装，头上仍戴着毗罗帽，外加五佛冠。李莲英装扮成韦驮天尊，站在慈禧左边，金刚杵横在胸前，右手握柄，左手合十。慈禧太后身边的右侧是两

名少女，一个手捧小香炉，一个捧书。

第三张扮作观音的慈禧太后照，只见她端坐在莲花台上，左手搭放在膝盖上，右手拿着佛珠一串，身穿圆形寿字纹袍，头戴毗罗帽，外加五佛冠，两条飘带垂挂两侧。在慈禧太后的前面，是盛开的荷花，背后布景为山石丛竹，上边悬挂的云头状牌仍是"普陀山观音大士"。慈禧太后的左右两侧，各站立一名侍者，全是头戴毗罗帽，身披袈裟，双手合十，手腕上各挂拂尘一个。左边的那位仍然是慈禧太后宠信的大太监李莲英。

除此之外，在清宫旧藏照片中，还有三张慈禧太后乘坐无篷平底船的照片。其中有一张慈禧太后带随侍 15 人，另两张随侍各有 6 人，每张照片的香几上都插有大寿字，而且均有横签，楷书"普陀山观音大士"。看来，慈禧太后的三张观音照和三张乘船照，当是在同一天、不同地点拍摄的。这几幅照片均表明：慈禧太后奉佛，并把自己装扮成佛。

众所周知，观音是汉传佛教中唯一的女神。人世间的铁腕太后慈禧，把自己标榜为大慈大悲的观音，并拍成照片作为永久留念，既是很自然的，也是别出心裁的。

为了弄清楚这 6 张照片上的人物，清宫史专家曾请清朝末代皇帝溥仪的弟弟溥杰辨识。结果，溥杰一一认出了照片上慈禧太后身边的人。慈禧太后自比观音，可谓人证物证俱在。

三、内务府档案的印证

在清宫记载皇家事务的内务府档案中，确实存有记录慈禧太后装扮观音及乘坐无篷平底船照相的两份原始档案。这两份档案所记述的内容相同，只是个别文字略有差异，其中这样写道：

> 七月十六日海里照相，乘平船，不要篷。四格格扮善财，穿莲花衣，着下屋棚（另一份档案上后两句改为"穿《打樱桃》丫环衣服"）。莲英扮韦驮，想着带韦盔、行头。三姑娘、五姑娘扮撑船仙女，带渔家罩，穿素白蛇衣服（另一档案后二句改为"穿《打樱桃》二丫环衣服"），想着带行头，红绿亦可（另一档案无后四句）。船上桨要两个。着花园预备带竹叶之竹竿十数根。着三顺预备，于初八日要齐，呈览。

这两份档案没有标注年代，据推断，当是光绪二十九年（1903）的事，当时慈禧太后69岁。档案上涉及的人物、情景，也恰好和照片对得上号。海里，则指北海。七月十六日，是旧历"鬼节"第二天，正是荷花盛开的时节。在这里，慈禧太后将自己扮成慈悲的观音大士，比作佛法无边、普度众生的菩萨。

慈禧御笔

四、活佛也要俯首称臣

慈禧太后自比观音，遇到真佛也要争个高低。光绪三十四年（1908），西藏活佛十三世达赖进京陛见，围绕着达赖是否要向慈禧太后、光绪帝行跪叩之礼，产生了争执。

以往，活佛达赖和班禅晋见皇帝时，都免除下跪叩拜的礼节，可是慈禧太后不能接受活佛的"无礼"。自从当上太后之后，还没有人拜见她时，不行三跪九叩之礼的。"老佛爷"坚持要达赖陛见时下跪磕头，而达赖则表示不能接受。双方互不让步，致使朝见日期一拖再拖，争执了八天。最后，双方各做了一点让步，以折中的办法解决。即达赖晋见慈禧太后、光绪皇帝时，仍要下跪，但免了叩头。

末代皇后婉容的宫中生活

婉容是中国历史上最后一位皇后，从 1922 年 12 月入宫，到 1924 年 11 月和末代皇帝溥仪一起被冯玉祥驱逐出宫，在紫禁城总共生活了两年时间。婉容是怎样被迎娶入宫的？她在宫中的生活又是哪般情形？透过原始的清宫档案，我们可以有个大致的了解。

一、婉容入宫没走大清门

溥仪结婚是在 1922 年 12 月 1 日，他和婉容这一年都是 17 岁。清朝皇帝结婚称为大婚礼。这时的清王朝虽然已被推翻 11 年，但按照皇室优待条件，溥仪仍然保持着皇帝的尊称，并继续住在紫禁城，所以对内对外仍然称为大婚礼。这次迎入紫禁城的，除了皇后婉容，另有淑妃文绣。

婉容能被挑选当上皇后，真是费尽了周折。当初，要为溥仪选皇后的消息传开后，提亲的人便接踵而来。但按清朝定制，皇后都从满蒙王公大臣家的女儿中挑选。所以，像徐世昌、张作霖提亲推荐的，都被婉言谢绝了。据说，当时负责汇总提亲情况的溥仪叔父载涛的桌子上，女孩的照片都可以装订成册了。在这让人眼花缭乱的女子堆里，经过反复筛选，有四人入围成为候选人。再经仔细挑选，最后剩下婉容和文绣。

皇后只有一个，是选婉容，还是文绣，皇室内部钩心斗角，特别是那些太妃们，都想让小皇帝选自己看中的姑娘，以巩固各自在宫中的势力。这样争来争去，各不相让，最后只好让溥仪来"圣裁"。他看过婉容和文绣的照片后，最终选中婉容做皇后，文绣则封为淑妃。民间传说，是婉容的父亲荣源花了 20 万两黄金，为女儿买下了皇后这顶凤冠。这只是传闻，已很难证实了。

迎娶婉容做皇后的礼节仪式，全都按照清朝的旧例来办，分为纳彩礼、大征礼、册立礼、大婚礼四个步骤。具有订婚意义的纳彩礼，是在 1922 年 10 月 21 日这天，溥仪派正副使臣带着近千人的仪仗队伍和 100 多抬轿的礼品，到北京地安门外帽儿胡同婉容的家，向其父荣源送上彩礼。接下来的两个月里，先后举行了大征礼和册立礼，大征礼是告诉女方家里确切的成婚日期，册立礼则是正式给予皇后名分。说起来，婉容的婚礼也还是有些遗憾的。按清朝惯例，奉迎皇后入宫，不论皇后的家住在京城哪个方位，迎亲队伍都要经过大清门，再从紫禁城的正门——午门进宫。大清门在平时除皇太后、皇帝可随时出入外，任何臣工都不能擅自行走，皇后也只有在大婚之

溥仪、婉容正在宫内照相

日才能享用一次。而婉容却没有享受到这份荣耀，她入官不仅没走大清门，而且也没走午门。婉容走的是东华门大街，从东华门入的官。从这点说来，她这个小朝廷时代的皇后，还是与大清帝国的真正皇后不一样的。这时的溥仪已是退位的皇帝，虽获准住在后官，但紫禁城内乾清门以南的地方已归北洋政府了，因此也就不能再那么讲究了。

屈指数来，清朝入关后的 10 位皇帝，先后共立过 24 位皇后。如果婉容还可以称得上皇后的话，那么她就是第 25 位，也是古代中国的"绝版皇后"。

二、梅兰芳为婉容大婚演《霸王别姬》

在保存下来的溥仪档案里，有两本大婚典礼时的礼品账簿，封面上写着《大婚典礼进奉衔名物品册》，里面一一开列了送礼的人名、物品种类和数量等等。清单里，不仅有清朝的遗老旧臣，还有民国政府的要员、军阀政客，外国使节也名列其中。当时的大总统黎元洪，专门派特使带着 2 万银元前去祝贺。像曹锟、吴佩孚、冯玉祥、徐世昌、张作霖等民国要人，以及康有为等社会名流，也都送了如意、家具等贵重礼品。

为了操办婚礼，当时的小朝廷成立了专门的"大婚礼筹备处"，他们查阅《大清会典》和清朝历代皇帝大婚的档案，最后决定按照同治帝婚礼的规模来办，因为那次大婚相对花钱少些。虽然小朝廷已不能过于铺张，但最终算来，还是花费了 40 多万银元。当时，两元钱能买一袋面粉，这次婚礼的开销，竟可买 20 万袋的白面，这还算是节俭的了。而光绪帝大婚，竟花费了 550 万两银子！

大婚期间，宫里连续唱了 3 天戏，光这就花了 3 万多银元。值得一提的是，还专门请梅兰芳、杨小楼演了《霸王别姬》这出戏。当时曾有人提出，在这样大喜的日子里，演这样伤感的戏不太合适。但溥仪认为没关系，还是决定演了。当戏演到动情的地方时，太妃和王公的女眷们都流下泪来。散戏之后，一些王公旧臣心事重重，认为这是不祥之兆。两年后，当溥仪和婉容被赶出宫的时候，还有人说：这都是大婚时演《霸王别姬》惹的祸！

三、婉容在宫里的英文名字叫伊丽莎白

婉容入宫后，住在当年慈禧太后当兰贵人时住过的储秀宫。文绣住在重华宫。而溥仪更多的时间，仍像婚前一样，独自睡在养心殿。

紫禁城高高的红墙，关不住溥仪、婉容这些十七八岁少男少女的心，他们总是打着看望父母、探望老师等种种名义走出宫门，顺便游逛花园。在 1923 年的夏天，他们就连续三次找机会登上景山游玩。

在清朝，皇帝的生日称为万寿节，皇后的生日称为千秋节，每当遇到这样的节日，宫里都要唱戏庆贺几天。1923 年 9 月，是婉容入宫后的第一个千秋节，虽然对外再三说要节俭，还是在紫禁城的漱芳斋唱了一天的戏，并且对身边太监和宫内当差人员分别赏赐银元，少则两元、五元，多则十几元。就是在平时，婉容每天的生活费也要用去一二百元。

据说，婉容从小受到做生意的父亲的熏陶，接受了不少西化教育。在紫禁城里，婉容和溥仪常常在一起骑车、打球。婉容还

婉容、文绣与英文教师任萨姆

手把手教会了溥仪吃西餐。溥仪和婉容、文绣这些小朝廷的主人，还在宫内拍了不少照片，留下了他们的身姿芳容。

在溥仪的档案里，还有不少当年婉容在宫内写给溥仪的英文短信。他们两个天天都能见面，还用英文通信，说明他俩那时的感情还是不错的。婉容为了学习英语，在宫里先后请过两个美国女教师，专门教她。文绣也学英文，只不过请的是中国女教师。在婉容给文绣的信中，也不时掺杂着一些英文单词。当时，婉容还有一个英文名字叫伊丽莎白（Elizabeth），那时她自己按音译写成"衣里萨伯"，溥仪的英文名字叫亨利（Henry）。西化风气已经进入并且影响到末代宫廷的生活。

四、婉容用"植莲"作笔名写给文绣的信

小朝廷时代的宫禁生活是空虚和寂寞的。为了打发时光，排遣心中的郁闷，婉容进宫后写了不少诗文。这些作品的文稿，在溥仪、婉容匆忙出宫的时候，都留在了储秀宫、养心殿。在这些诗文中，婉容用"植莲"作笔名，文绣则被称为"爱莲"。

有一首婉容写给文绣的诗，题目是《致爱莲书》，诗是这样写的：

明月何凄凄，照我丝竹居。问君何所思？吾以（亦）
无所意（忆）。无所思无所忆，是何烦事使君悲？君悲
没（莫）非思亲远，无人怜我对月凄。无所依，思亲思
友无知己，亚似离燕南飞。归故乡，归故乡，见爷娘。

这首诗，在遣词用字及写法上，很明显受了《木兰辞》的影响。
诗中的宫廷是凄凉的，作者的心境是愁闷悲伤的。当然，读者也
可以看到，短短几行诗里，婉容就写了三个错别字。

还有一首题目叫《赠淑妃》的诗，也是婉容写给文绣的："明
明月，上东墙，淑妃独坐在空房。娇弱飞燕常自舞，窈窕金莲世
无双。"在这首诗里，婉容用"独坐""空房""常自舞""世
无双"这样的字眼，这既是同病相怜的同情，也多少有些对文绣
讽刺挖苦的味道。

再看婉容写给文绣的另一封信，是这样写的：

爱莲女士惠鉴：

昨接来函，知 you 之兰楮现以（已）痊愈，甚欣慰
之。至诸君勿怕 me 错误，是于（与）君互相立誓，彼
此切不得再生误会。不拘何事，切可明言。所以君今不
来，以 our 稍有误会之处。只是君因病不得来，此实不
能解也。君闻过中外各国有 you 不能见之理么？若有何
获罪之处，还望明以见告为幸。不过自叹才德不足，难
当君之佳偶耳。

请罪人植莲启

透过信内"误会""不能解""获罪""请罪"这些字眼，我们似乎看到，刚刚入宫不久的末代皇后与皇妃之间的恩恩怨怨，就在冷冷清清的末日皇宫，仍然少不了后宫女子的小心计。

还有一封婉容写给文绣的信，很有意思，上面写道："爱莲女士吉祥，爱莲女士弹琴弹得好，爱莲女士唱得好，爱莲女士的娇病好点了。爱莲女士进药啦吗？爱莲女士进的好，拉的香。"看到这段文字，不禁令人感到，与其说这是一封短信，不如说是闲得无聊的皇室女眷的一种文字游戏。从中可以看出，清廷末代后宫的生活是何等的空虚。

1924年11月5日，冯玉祥的军队进入紫禁城。当时担任北京卫戍司令的鹿钟麟带着二十几名警察来到内廷，逼迫溥仪的小朝廷接受修改后的"优待条件"，且当天就要离开紫禁城。皇宫里顿时一片慌乱，溥仪双手托腮，一声不吭，文绣无奈地说："搬出去也好，省得在这里担惊受怕！"只有婉容态度强硬，叫喊着说："反正我铁下心，今天不搬，不能搬！"但是，愿意搬也罢，不愿意搬也罢，军队上午9点入宫，下午4点溥仪就交出了"皇帝之宝"和"宣统之宝"两颗大印，带着婉容等一批身边的家眷，分乘五辆汽车，暂时迁往其父载沣的醇亲王府邸。末代皇帝溥仪和末代皇后婉容就这样，永远地离开了紫禁城。

附：访谈录

明 清 国 家 记 忆 采 撷

解读千年科举

《北京青年报》2005 年 8 月 29 日　记者：徐然

今年，是科举制度废除 100 年！

1905 年 9 月 2 日，随着千呼万唤始出来的一纸清帝谕令，在中国延续了 1300 年的科举制度最终画上了句号。

关于科举的功过是非，历来是雾里看花，莫衷一是。唐太宗李世民赞叹科举收罗了四海英才，"天下英雄入吾彀中矣"。近代西方人则把科举称为古代中国的第五大发明。而孙中山考察的结果是："中国的考试制度，就是世界上最早最好的制度。"相反的责难却更多，宋应星在其科学巨著《天工开物》中感慨地写道："此书与功名进取毫不相关。"康有为怒斥：甲午战败割地赔款全是八股考试惹的祸！李光耀更直言：科举使中国被摒弃于西方伟大科学工艺发明和工业革命的门外……

百年后的今天，到底该怎样认识和解读科举，记者特意走访了长期从事科举研究的中国第一历史档案馆编研部主任李国荣研究员。

一、袁世凯等一批封疆大吏奏请雷厉风行废科举

记者：在中国沿袭了 1300 年的科举制度，是在什么情况下

走到尽头的？到底是怎样废除的？

李国荣：自隋、唐开科考试，历经宋、元、明、清，在这漫长的1300多年里，对科举考试，特别是对八股考试，一直存有激烈的争论。清朝的康熙、乾隆年间，朝野上下都曾有过大的讨论，康熙时还真的停了两次八股考试。到了晚清年间，争论更为激烈，1898年春，维新派人士康有为在圆明园面见光绪皇帝时，就曾力陈八股考试的罪过，指出学八股者"不考地球各国之事"，造就出来的是一批又一批的庸才，当国难临头的时候毫无用处，"故台、辽之割，不割于朝廷而割于八股；二万万之款，不赔于朝廷而赔于八股"。一句话，甲午战败割地赔款全是八股考试惹的祸！

正因这样，1898年的戊戌变法，一个重要内容就是废除八股考试。可是，慈禧发动的政变，使103天的新政成为泡影，八股遂又得以苟延残喘。三年后的1901年，在八国联军的炮火中，为缓和统治集团内部矛盾，慈禧搞了一番新政，宣布停止八股文。但是，这时的点滴改革已无济于事，朝野上下有关兴学校、办学堂、废科举呼声越来越高。

1905年9月2日，直隶总督袁世凯、盛京将军赵尔巽、湖广总督张之洞、两江总督周馥、两广总督岑春煊和湖南巡抚端方等一批高官，联名上奏朝廷，明确提出：国家危迫情形，一刻千金，"欲补救时艰，必自推广学校始；而欲推广学校，必自先停科举始"。言辞激烈地请求"雷厉风行""停罢科举"。面对这些举足轻重的南北封疆大吏的联合奏请，朝廷已不能等闲视之，就在9月2日的当天，便以光绪皇帝的名义颁下谕旨，向全天下宣布："所有乡、会试一律停止。"这一上谕的发布，宣告了古代中国科举制度的终结。

二、千年科举走进死胡同

记者：提起科举，现今的人们往往是抱着批判的态度。在这方面，我们该怎样看？

李国荣：科举制度的确弊端种种——

在科举考试的天地里，独尊儒术，排斥多元文化。它只讲诗赋文章，排斥自然科学，千百年间，考试内容翻来覆去总是"四书""五经"。明朝末年的著名科学家宋应星，在其科学巨著《天工开物》的序言中就很有感慨地写道："此书与功名进取毫不相关。"这充满郁闷的感叹，充分反映了科举时代自然科学备受冷落的境遇。

八股考试诱导人们读死书。明清时期的科举考试，一直采用呆滞死板千篇一律的八股文。除八股之外，当时还有六股、十股、十二股、十四股以至十六股、十八股，但不管分多少股，八股文的基本格式不能变。这八股文本来是一种标准化的考试文体，可是从命题到答卷都走进了僵化的死胡同，它诱使千千万万的读书人成天钻研这种复杂精细的文体，由此选拔出来的，不知有多少是不谙世务的迂腐书生。相反，一些有创造力的才子却往往被挡在科场的龙门之外，像《聊斋志异》的作者蒲松龄，虽才气十足，却科场失意，终生没有当上举人。而推出千古名著《红楼梦》的文学巨匠曹雪芹，竟连个秀才都未曾考上。

科举更让天下文人死读书。中国有句古话，叫做学而优则仕，意思是说，书读好了，就可以做官。于是，有多少读书郎念念不忘：

书中自有黄金屋，书中自有颜如玉。正因这样，科场功名往往成为读书人的原初动力和毕生追求，甚至七老八十的书生入场应考也是常有的事。康熙年间，广东竟有百岁开外的老人拄着拐杖去考举人，灯笼上面还滑稽地写着"百岁观场"几个大字，实在是莫大的嘲讽！

科举还常常以字取人，因而屈抑了不少真才。晚清大思想家龚自珍才华横溢，却因楷法稍差在朝考时名列下等，难怪龚自珍发出这样的感叹："我劝天公重抖擞，不拘一格降人才。"

再加上科考中舞弊成风，诸如贿买、夹带、顶名、冒籍、枪替、传递、关节等等，作弊手段五花八门，搅得科场斯文扫地。譬如，顺治十四年（1657）的顺天乡试，同考官李振邺一人，就卖出 24 个关节条子。雍正十一年（1733）河南学政俞鸿图在许州考试期间，一次就卖了 47 个秀才，捞了 12000 多两的银子。乾隆九年（1744）顺天举人考试，搜出的夹带士子多达 42 人，因为心里有鬼害怕搜查而临时放弃考试逃离龙门的，竟有 2800 多人。还有乾隆二十三年（1758）顺天府的八旗子弟考试，一个叫海成的考生，他一人考试竟找了三个枪手，开考后的贡院，信鸽飞舞传文章，鞭炮声声递暗号，八旗子弟们简直在科场上闹翻了天。而鲁迅的祖父周福清，也是在光绪十九年（1893）为儿子考举人密订关节，最终败露而蹲了大狱的。层出不穷的科场案件，具体而形象地折射出清代科场的百态。

三、孙中山：中国的考试制度就是世界上最好的制度

记者：如此这般说下去，科举制度不仅一无是处，而且简直

就成了十恶不赦的千古罪人！既然科举的弊端这么多，为什么还在中国存在了一千多年？

李国荣：科举制度在华夏大地绵延了 13 个世纪之久，这自然有它赖以存在的道理。

其一，科举制度为国家选官用人提供了一个相对公开、公平、公正的平台。否定特权制度，是科举制最大的特点。比起只讲出身的世袭制，比起看重门第的荐举制，比起拿钱买官的捐纳制，科考选人无疑是历史的巨大进步。科举制度本身的确存在着这样那样的弊病，但千百年里争来议去，在朝廷选官国家用人这个万民关注的问题上，除了科举，终究没有找到更好的办法能够替代它。换句话说，若用其他办法选官用人，其弊端会更为严重。诸弊相权取其轻，科举制的存在和发展，既是历史的进步，也是历史的必然选择。

其二，科举制度为社会流动提供了一条有效的途径，使成百上千的寒门士人能够进入到参政治国的行列。科举制向全天下抛出诱人的平等光环，为平民子弟提供了一个特殊的进身之阶。科场就像巨大的磁场，牢牢地吸引着天底下思想最活跃的文人，使他们把才智和精力全都用到拥拥挤挤抢过科举独木桥上。科举制度在某种程度上平衡了封建社会各阶层人们的心理，有利于天下士人政治地位和经济利益的调整，自然也就有利于社会秩序的稳定，这也是科举制得以延续千年的根本原因。

其三，科举制度确实为历代的封建王朝选拔了一批又一批的人才。唐太宗李世民就为用科举这张无形的网收罗了四海英才而沾沾自喜，不禁发出这样的感叹："天下英雄入吾彀中矣。"在唐朝，彪炳史册的历史人物，大多是由进士出身的，其中像张九龄、陈子昂、刘知几、颜真卿、王维、裴度、韩愈、柳宗元、刘禹锡、白居易、柳公权、李商隐、杜牧等等，都是千古称颂的奇才。两宋时期的状元共有118人，其中正史有传者就有55人，这中间有民族英雄文天祥，有爱国作家张孝祥，著名学者陈亮，还有堪称朝中栋梁的吕蒙正、蔡齐、王曾、吴潜，以及清廉正直政绩颇佳的张观、贾黯等人，可谓群星璀璨，名臣贤相辈出。明清时期的张居正、唐伯虎、汤显祖、李光地、纪晓岚、林则徐、翁同龢、张謇等等，这些建立了不朽功业的历史名人，也都是科甲出身。当然，金榜题名者也有不少无所作为的，而名落孙山者也有业绩斐然的，这也是不足为奇的。总体来讲，来自社会各个层面的读书人，有的入仕参政，通过科场走向官场，成为维持和支撑国家机器的栋梁，更多的则仍滞留于社会中下层，成为儒家思想文化的传播者，这些人都可称得上是国家通过科考选拔出来的人才。

其四，科举制度还在世界文明史上留下了厚重的一笔。中国是考试制度的故乡，科举考试就像造纸术、印刷术、指南针和火药一样，对世界文明都是一个重大贡献。在近代西方人的眼中，落后的大清国度里，除了男人的辫子，女人的小脚，就是满大街吸食鸦片的烟鬼，而只有沿袭千年的科举考试制度让他们打心底里折服惊叹，甚至把科举称为古代中国的第五大发明。在中国的周边国家，高丽（今朝鲜）把中国的科举制度全盘搬了过去，也实行糊名、誊录等一套做法；安南（今越南）同样仿照中国进行科考，而且也用八股文，越南共产党领袖胡志明的父亲就曾考中了进士。欧美各国在近代推行的学士、硕士、博士这一学位等级体系，恰是中国科举制中所实行的秀才、举人、进士那套三级科考取士的做法。孙中山先生曾十分欣赏英国通过考试选拔文官的制度，并设想以此来改造中国的官吏体系，但孙中山考察研究的结果却是，"英国的考试制度，原来还是从中国学去的，所以中国的考试制度，就是世界上最早最好的制度"。

四、选拔人才，考试制度废不了

记者： 在科举废除百年的时候，我们该怎样回过头来，冷静客观地看待这一充满着是是非非的特殊制度呢？科举文化对我们今天的社会还有哪些启迪？

李国荣： 今天，我们对科举制度是非功过的认识和解读，恐怕也要更全面一些，再客观一些。不能盲人摸象，不能仅仅限于管窥，更不能带上有色眼镜来激扬文字。这就是，既不能一味为科举唱赞歌，为科举招魂；也不能刻意将科举妖魔化，把科举一棍子打死。

从隋唐到两宋，科举对社会的发展与稳定，对各民族的融合与国家的统一，对儒家思想文化的传播，都发挥了重要的积极作用。若说科举对历史起了窒碍作用，主要是明清时期的事。这个时期，西方已经出现近代科学，而贡院高墙内的科举仍在"四书""五经"的小圈圈里打转转，单一的科举考试科目阻碍了我国近代科技的发展，呆板的八股文禁锢了人们的思想，这时的科举已渐渐远离了近代世界迅猛发展的大潮，正如李光耀所言，科举"使过去帝制的中国被摒弃于西方伟大科学工艺发明和工业革命的门外"。在新旧文化撞击交替的历史契机，科举制抱残守缺最终走上了绝路，成为封建制的陪葬。

谈到科举文化对我们今天社会的启迪，我想说三点：

一是，科举制已退幕百年，我们需要的是，把科举考试制度放入中国历史的长河中来加以理智地考察，目的是抛弃它陈腐僵化的东西，吸取它合理积极的因素。应该说，科举制度中以考试作为选拔人才的基本方法，其合理性是不能随着这一制度的废除也一并否定的，考试选人在历史上无疑是值得肯定的，因为它最大限度地减少了人为因素，使得选拔更具客观性。千百年的历史说明，考试还是选拔人才较为成功的方法。不论是古代历史上，还是"文革"期间，考试都曾多次遭到废止，但最后又都不得已恢复。"文革"时废除高考，拾起一千多年前就已淘汰的推荐制度，结果一塌糊涂。因此说，考试是经过历史反复检验并且在今天仍不可或缺的一种选拔人才的制度。

二是，在1300年的科举考试中，形成了一系列考场规则和考试方法，诸如对出题判卷考官的锁院隔离制、对考生衣着用具的搜检制、对考卷的糊名弥封制等等，都是防戒科场舞弊的有效举措，有些做法至今仍得到借鉴和沿用。而历史上按不同地区划分录取名额的规制，实践已证明对促进不同地区的文化发展是有益的，今天的高考仍继续实行不同省区录取的定额制。这样看来，科举文化确有不少值得继承的积极因素。

三是，科举考试最终走进了死胡同，关键是它的内容和方法的僵化。因此，今天的各类考试，特别是高考，应该对其内容和方法不断地革新调整，以确保考试制度能够选拔真才，并促进全社会的人才培养。

揭秘光绪死亡档案

《北京晚报》2008 年 11 月 18 日   记者：凌玲

　　光绪之死是清宫八大疑案之一。2008 年 11 月，国家清史编纂委员会与中央电视台《探索发现》栏目等单位公布了对光绪尸骨衣物的化验结果，认为光绪是砒霜中毒而死。为破解光绪死亡之谜，在国家有关部门长达四年的化验论证过程中，中国第一历史档案馆全程参与，查阅提供了大量光绪死亡前后的档案。为此，记者专程采访了"光绪之死课题组"专家、中国第一历史档案馆李国荣研究员。

一、38 岁的光绪死在 74 岁的慈禧前一天是偶然吗？

　　记者：据说，光绪与慈禧的死只差一天，对此清宫档案中是怎样记载的？

　　李国荣：清宫档案中有一种专门记载皇帝起居生活、言行举止的簿册，叫《起居注》。光绪皇帝最后一年，即光绪三十四年（1908）的《起居注》，向我们透露了这样三点信息：

　　第一，住在中南海瀛台涵元殿的光绪，每天早晨起床后的第一件事，便是到仪鸾殿（今怀仁堂），向慈禧太后下跪请安，没有一天间断。直到十月十九日这天，还有光绪向慈禧请安的记录，说明十九日之前，光绪的身体还是不错的。

第二，在二十日的《起居注》上，出现了"上不豫"的字样。这一天没有了光绪向慈禧请安的记载。相反，这天慈禧太后在仪鸾殿传出懿旨，让载沣当摄政王，载沣的儿子溥仪送到宫中教养，显然已是开始安排后事了。表明二十日这天，慈禧太后已是预料到光绪将要归天了。

第三，二十一日的《起居注》记载：光绪"大渐"，也就是病危。"酉刻，龙驭上宾"。当天下午六点多钟，光绪死在中南海的瀛台。

光绪帝在十月二十一日的傍晚死在瀛台，慈禧太后则是第二天中午在仪鸾殿命归西天。38岁的光绪皇帝反而死在74岁的慈禧前面，而且前后只差一天。这是历史的巧合？还是处心积虑的谋害？于是，众说纷纭。

记者：关于光绪被害致死，都有哪些说法？

李国荣：认为光绪是被害致死的，长期以来有着不同的说法，归纳起来，大致有这样几种：

其一，慈禧谋害说。在光绪身边任职近20年的起居注官恽毓鼎，曾写过一本《崇陵传信录》，书中说：光绪三十四年（1908）十月，当慈禧太后重病后，光绪的脸上有了喜色，慈禧听说后十分愤怒，脱口说出"我不能先尔死"。慈禧在病危期间，唯恐自己死后，光绪重新执政，推翻她既定朝政及平反她一手制造的种种冤案，于是令人下毒手将光绪害死。

其二，李莲英谋害说。德龄的《瀛台泣血记》等书认为，清宫大太监李莲英等人，平日里仗着主子慈禧的权势，经常中伤和愚弄光绪。他们深恐慈禧死后光绪重新主政，会清算他们往日的罪孽，所以就先下手为强，在慈禧将死之前，先把光绪谋毙。

其三，袁世凯谋害说。溥仪在《我的前半生》一书中谈到，袁世凯在戊戌变法时辜负了光绪的信任，在关键时刻出卖了皇上。袁世凯担心一旦慈禧死去，光绪决不会轻饶了他，所以就借进药的机会，暗中下毒，将光绪毒死。

其四，被人暗害说。曾经是清宫御医的屈贵庭，写过一篇《诊治光绪皇帝秘记》的文章，说：在光绪临死的前三天，他最后一次进宫为皇上看病，发现光绪本已逐渐好转的病情却突然恶化，在床上乱滚，大叫肚子疼，而且脸色和舌头都是黑的。这位御医认为，虽不能断定是谁害死了光绪，但却可以肯定光绪是被人暗中害死的。

记者：档案专家是怎样看待光绪之死的？

李国荣：也有一些史籍，对光绪之死持自然病死之说。如《德宗实录》《光绪朝东华录》《清史稿》等所谓正史或官修史籍，都说光绪是正常死亡。中国第一历史档案馆和中医研究院的有关专家，根据光绪的病情、诊病经过以及光绪临终前的病状，在20世纪90年代研究认为，光绪应是病死的，至于他和慈禧的死只差一天，则是时间上的偶然。

二、《脉案》中披露的光绪临死前症状与砒霜中毒症状相符吗？

记者：光绪皇帝死前，对自己的病情知晓吗？

李国荣：根据光绪本人或亲口讲述或亲笔述写其病史病状的原始记录《病原》，我们可以看到，光绪的确是自幼体弱多病，而且长期遗精。光绪临死前的一年，37岁时，在亲自书写的《病原》

中说：遗精已经将近二十年，前几年每月遗精十几次，近几年每月二三次，冬天较为严重。可见，光绪体质一直不好。

光绪死前的一年间，胸闷咳嗽，浑身乏力。光绪对自己的身体久治不愈每况日下十分焦虑，在《病原》档案中，常常看到光绪大骂御医的记载。光绪三十四年（1908）五月，光绪斥责御医们："服药总觉无效，且一症未平，一症又起。"七月十七日，他责备御医："服药非但无功，而且转增，实系药与病两不相合，所以误事！"又说："屡服汤药，寸效全无"；"名医伎俩，仅止如此，实在可叹！"这些不留情面的斥责，在光绪的《病原》中屡屡出现，反映了他焦躁绝望的心情。

记者：档案中，对光绪临死前的症状是怎样记载的？

李国荣：太医院的御医在为皇帝治病的过程中，留下专门的诊治档案，这就是《脉案》。这些档案，十分详细地记载了是哪位御医、在什么时候给皇帝看的病，皇帝的病情怎样，最后给皇帝开的什么药，以备将来查考。

从光绪临终前的《脉案》来看，十月中旬，光绪的病情进入危急阶段。十月十七日，周景涛、吕用宾、杜钟骏等为光绪诊脉，光绪皇帝已是极度虚弱，元气大伤，处于病危状态。杜钟骏私下对朝臣说："此病不出四日，必有危险。"

十九日，光绪的病象已呈现：胸闷气短，咳嗽不断，大便不通，清气不生，浊气下降，全身疲倦乏力。此时，死亡已向光绪靠近。

二十日，光绪已是：眼皮微睁，流着口水的嘴角在轻轻颤抖。当天夜里，光绪开始进入弥留状态，肢体发冷，白眼上翻，牙关紧闭，进入昏迷状态。

到了二十一日的中午，脉搏似有似无，眼睛直视，张嘴倒气。

拖到傍晚，终于六脉断绝，光绪怀着一肚子的怨恨与世长辞了。

持正常病死说的专家认为：根据清宫医案，从现代医学来分析，光绪主要是肺结核、肝脏、心脏及风湿等长期慢性消耗性疾病，直接的死亡原因，可能是心肺功能的衰竭，合并急性感染所造成。

持被害说的学者就此提出：光绪确实一直体弱多病，就在病重的时候，在慈禧死前的一天，而被加害。国家权威部门在对光绪头发衣物化验后，认为光绪是砒霜中毒而死，而《脉案》中披露的光绪临死前的症状，也与砒霜中毒症状相符。

三、光绪之死与御医有直接关系吗？

记者：有的书籍说，光绪临终前半年，曾从很多省份招选地方名医，有这回事吗？

李国荣：在清宫档案中，专门设有一种《带医档》，是以日记的形式，记录太监或内务府大臣每天带领御医给皇帝看病的具体情况。根据《带医档》记载，光绪三十四年（1908）的春天，也就是光绪临终前半年，其病势已十分严重，宫中御医已均无良方可施，眼看光绪就要不行了，清廷这时急忙征召江苏名医陈秉钧、曹元恒来京入宫诊视。紧接着又向各省总督、巡抚发出电旨：入春以来，皇上欠安，在京各医诊治无效，着令各处精选名医，迅速来京，恭候传诊。各省封疆大吏接到朝廷电报，很快就保送吕用宾、周景涛、杜钟骏、施焕、陈秉钧、张鹏年等一批地方名医进京，为光绪看病。

记者：从档案上看，光绪是从什么时候开始不能料理朝政的？

李国荣：光绪朝的《上谕档》记载，光绪三十四年（1908）

十月十九日这天，共有 12 件奏折呈递上来，军机大臣分别拟写了批示，最后特地说明："以上 12 件，遵旨拟批，如蒙俞允，是否用朱笔恭代，请旨遵行。"就此，同页《上谕档》上有这样几个小字注明："内奏事口传，派醇亲王恭代批折。"意思是，内奏事处的太监传下口头旨意，指派醇亲王代批奏折。

从十九日这天开始，朝廷把批阅奏折这样的大事交给了醇亲王载沣。说明这一天，光绪的身体已经不行了，他本人已经不能批阅奏折了。

记者：据说，光绪死后，给他治病的御医被革职了。光绪的死真的与御医们有什么直接关系吗？

李国荣：俗话说，伴君如伴虎。御医们在皇帝身边每天都是如履薄冰、提心吊胆的。明朝的李时珍，就因为不能忍受宫廷御医的巨大压力，而辞去了太医院院判的职务。在清朝，如果皇帝患病，医治无效，以致驾崩死亡，御医不论怎样尽心，都要受到处分。比如，同治皇帝得天花病死去，慈禧太后把太医院的两个主管御医一起革职，命令他们"带罪当差"。

由此看来，光绪死后，太医院院使张仲元、御医全顺、忠勋等人"均著革职，带罪效力"，也就不足为奇了。不过，这种处分仅仅是例行公事，没过多久，受处分的御医们又都照样行医了。

四、光绪死亡档案还披露了哪些疑点？

记者：从清宫档案来看，光绪的大丧安排正常吗？

李国荣：清宫有这样一类特殊档案，叫《大行皇帝升遐档》，就是对刚刚死去的皇帝举行一系列丧事活动的详细记录。据载，从康熙开始，清帝驾崩的第二天或后几日，朝中重臣都到乾清宫门内，瞻仰皇帝遗容，行大殓礼。光绪皇帝的《大行皇帝升遐档》记载，光绪在十月二十一日傍晚死去，第二天早上的辰时即八点左右，光绪遗体从瀛台抬入乾清宫。"十月二十二日，皇后率瑾妃在乾清宫举哀，看视大行皇帝。巳初二刻五分，殓入梓宫内。"这里，疑点有二：一是，光绪遗体辰时即八点左右抬进乾清宫，巳初二刻即上午九点多就入殓了，而没有沿袭旧例停放一两天让朝中重臣瞻仰。二是，光绪入殓时只有隆裕皇后率瑾妃"看视"，这个隆裕皇后实际是慈禧太后的心腹，与光绪皇帝长期不和，而档案中却没有其他大臣在场的记载。光绪帝如此匆匆入殓，是有违常规的，确实是让人生疑。

记者：光绪的陵墓曾经被盗，现今国家有关部门化验的那些残存衣物是不是光绪入葬时原本穿的？

李国荣：坐落在河北易县的光绪崇陵，在1938年曾被盗过。盗墓者将光绪的棺椁凿开一个大洞，将光绪的遗体从棺内取出，放在一边，盗走了棺内的随葬品。那么，现今残存的衣物是不是光绪入葬时穿的？在国家清史编纂委员会对光绪遗物进行整理化验时，光绪皇帝的《万年吉祥账》起到了独特的凭证作用。在这个账簿档案上，详细记载着"大行皇帝升遐戴去"的具体物件，也就是光绪皇帝入殓时穿戴的衣物，有如下7件："天鹅绒冠一顶，穿黄缂丝棉金龙袍、石青缂丝棉金龙褂、月白春绸面白纺丝里小棉袄、月白春绸棉裤、月白春绸中衣带、月白春绸套裤白纺丝棉袜。"档案中对光绪身上穿的这些衣物的具体记载，是最好的凭据。在对光绪残存遗物进行整理化验的过程中，有关部门根据档案所载，与实物一一核对，确认所检查化验的衣物确是光绪所穿戴的。

五、光绪被害致死是否已成定论?

记者: 专家组对光绪尸骨的化验结果怎样?

李国荣: 在 2004—2008 年间,国家清史编纂委员会与清西陵管理处、中国第一历史档案馆、中央电视台《探索发现》栏目、中国原子能科学研究院、北京市公安局法医检验鉴定中心等单位的专家共同组成"光绪之死课题组",对光绪尸骨遗物进行检测鉴定和考证研究。检测的光绪尸骨遗物有:光绪头发 2 缕,肩胛骨、环椎骨、脊椎骨等 7 块遗骨,以及 5 件已经残破的衣物。专项课题组历时 4 年检测研究,结果发现光绪的头发、遗骨以及衣物均有浓烈的砷毒素,其砷含量高于常规 2000 多倍。专家推断,光绪胃腹部衣物上的砷,是光绪含毒尸体腐烂后直接侵蚀遗留所致,而其衣领部位以及头发上的大量砷,则由其含毒尸体腐败后溢流侵蚀所致。检测结论是,光绪帝系砒霜中毒死亡。

记者: 是否可以说光绪之死疑案已尘埃落定?

李国荣: 综合各方面情况,本人认为,光绪极有可能被害致死,应是慈禧下的手。首先,从宫闱厮杀的历史来看,慈禧太后铁腕清除八位辅政大臣,庚子之年临逃西安还忘不了把珍妃推入井中,晚清的慈禧确是心狠手毒的。其次,从清宫档案的记载来看,《起居注》记录的光绪帝病重第二天就传出慈禧太后懿旨让载沣摄政,《大行皇帝升遐档》披露的光绪帝死后匆匆入殓的失常,都是疑点重重。第三,从砒霜中毒的"证据"来看,太医院《脉案》记录的光绪临死前病症与砒霜中毒症状应是相符的,现今国家权威部门对光绪尸骨的化验,其砷含量竟然高于常规 2000 多倍。这样看来,光绪极有可能应是砒霜中毒死亡,而慈禧是既有谋杀之心、又有谋杀之力的。

诚然，百年疑案，尚难成铁案，对光绪的死因仍有不同看法。有的专家通过对清宫医案研究，坚持认为光绪是肺结核等病症正常死亡。有的学者提出，光绪的崇陵曾经被盗，已经不是第一现场，由此对检测化验结果的可靠性存有疑虑。还有学者提出，是谁又是怎样毒死光绪的，仍然仅是推测，尚无确凿证据。凡此种种，光绪死亡档案仍有许多隐情没有解开，还有待更深入地发掘研究。

几代耕耘 世纪巨献

——明清档案发掘刊布的百年回望

《中华英才》2021 年第 3 期　　记者：高岚岚

　　明清档案与殷墟甲骨、敦煌藏经一起，被称为 20 世纪初中国古代文化的三项重大发现。那是 1921 年，北洋政府财政紧张，存放在端门的 15 万斤大内档案被装了 8000 麻袋，当作废纸卖给了造纸店。清朝旧臣罗振玉闻讯，个人高价买回，这些档案才得以辗转保存下来。正是由于"八千麻袋"事件，一直幽深禁秘的官藏档案开始被世人所知，为学界所关注，乃至轰动世界。

　　弹指一挥间，明清档案的抢救整理已近百年。中国第一历史档案馆作为明清两朝中央政府和皇室生活档案的保管基地，经历了几多风雨沧桑，几代档案人薪火相传，创造了明清档案发掘刊布的文化辉煌。那么，明清档案到底有着怎样的历史文化价值？近百年来明清档案的整理编纂为国家和社会做出了哪些贡献？昔日皇家秘档又是如何走进我们这个时代的？带着这些问题，记者专门采访了中国第一历史档案馆副馆长李国荣研究员。

一、石室金匮　东方瑰宝

　　记者：作为全国档案领军人才，你对明清档案有着怎样的情感？

李国荣：1983年我从中山大学历史系毕业，走进中国第一历史档案馆，一直投身于明清档案的编纂研究，屈指数来已是38年。择一事，终一生，作为职业生涯，我仅仅做了研究明清档案这么一桩事，确实可以说是情系明清档案，根在明清档案。

记者：明清档案与明清历史紧密相连，中国古代有二十五史，为什么明清史研究格外受到社会关注？

李国荣：在中国古代历史研究的学术园地中，明清史研究成果相较更为丰富一些。原因大致有二：一是，明清时期离现今中国更近些，其影响也就更大更直接，当代中国诸多问题寻根找据，首先要探研明清特别是清代的历史。故此，社会各方面对明清历史更为重视些。二是，有明清档案这座文献宝库的留存与支撑，这是明清历史尤其是清史研究得天独厚的资源优势。

这里顺便说一下，明清两朝的皇家档案库皇史宬，为了防火，完全是砖石结构建造，没用一块木头，里面152个存放皇家档案的柜子都是铜皮鎏金，所以人们用"石室金匮"来形容和描述明清皇家档案的珍藏。

记者：对明清档案典籍，民国时期的国学大师们是怎样看待的？

李国荣：民国时期的国学大师们与明清档案有着密切而深厚的情缘。鲁迅在1928年曾发表专文《谈所谓"大内档案"》。王国维曾充任清逊帝溥仪南书房行走，有幸得窥皇宫所藏，从1913年到1925年，连续撰写《内阁大库书之发见》《库书楼记》《最近二三十年中国新发见之学问》三篇文章，力推明清档案。蔡元培任北京大学校长期间，专门致函教育部"请将清内阁档案拨为北大史学材料"。"中央研究院"历史语言研究所的创办者傅斯年，专门成立明清史料编刊会，陆续编选出版《明清史料》100 册。这些国学大师对明清档案的极大关注和倾情投入，充分反映了国人对民族文化珍存的敬重。

记者：那么，当代历史学家是如何利用和评价明清档案的？

李国荣：中国史学会会长、国家清史编纂委员会主任戴逸教授强调，明清档案"被历史学家们认为是研究清史和近代史最重要的第一手材料，离开了档案就不可能做严肃的深入的研究"。南开大学副校长、历史学家郑天挺教授指出："历史档案是原始资料的原始资料，应该占最高地位。"还有不少国外历史学家对明清档案的珍贵价值也发出由衷感慨，日本史学家神田信夫教授专门撰文谈到："最有助于明清史研究的，还是由于明清档案大量保存下来，要说不利用档案就无法进行明清史研究活动，是毫不言过其实的。"当代史学大家对明清档案珍贵价值的称道可谓异口同声。

二、百年征程　砥砺前行

记者：历经风雨沧桑，明清档案的整理公布是怎样一路走来的？不同时期各有什么特色？

李国荣：近百年来，明清档案人就像手持接力棒，一代接着一代持续前行，这本身就是一种文化传承，其编纂出版大致历经了三个时期。

第一时期（1921—1949），明清档案拓荒式地整理出版。1921 年的"八千麻袋"事件，开启了抢救明清档案的艰辛历程。

1925 年故宫博物院成立，下设文献部（后称文献馆），专门负责管理明清档案，这是中国第一历史档案馆的前身。文献馆时期，虽然社会动荡不安，老一辈明清档案工作者及历史学家克服重重困难，仍是陆续整理出版了一批明清档案史料，明清档案逐渐走向社会。

第二时期（1949—1980），明清档案管理体系基本得以奠定，编纂出版奋力前行。新中国成立后，自 1949 年至 1980 年，明清档案的管理机构和隶属关系曾几度变更。这段时间，明清档案工作的突出特点是，通过国家征集调拨陆续形成 1000 余万件馆藏规模，明清档案 74 个全宗体系基本建立起来。在这一特殊时期，明清档案的整理出版受国家政治形势影响较大。

第三时期（1980—2020），明清档案整理出版的突出特点是全面服务社会。1980 年中国第一历史档案馆正式命名，成为中央级国家档案馆，明清档案事业迅猛发展。20 世纪 80 年代以后，影印技术规模性引入，这一出版方式保持档案原貌，更具可靠性，而且影印出版速度快，因此备受社会欢迎。进入 21 世纪以来，在社会各界的共同参与和支持下，明清档案的整理编纂丰富多彩，实现全方位、多层面地服务社会。

三、文献金矿　多重使命

记者：明清档案是一座蕴藏着巨量历史信息的文献资源金矿，面对社会不同层面的需求，在编研开发方面是如何全面服务社会的？

李国荣：明清档案作为明清时期中央政府留存的国家记忆，

具有原始性、唯一性、权威性、丰富性这些鲜明特征。据统计，1925 年至 2020 年间，中国第一历史档案馆及其前身机构共编纂出版明清档案史料 250 种 3492 册。这些内容丰富且数量巨大的原始档案的整理刊布，为国家中心大事和重大活动提供了有力支持，为明清历史研究奠定了厚实的资料基础，为社会各界的文化建设提供了珍贵文献基石。

一是国家资治的佐证。鉴于往事，资于治道，这是中国古代以史为镜治国安邦的千年传统。明清档案工作增强了时代意识，主动围绕国家大事推出了一系列编研开发项目。西藏、新疆的治理和民族宗教历史问题，历来是党和国家高度重视的，先后整理出版的相关专题档案，具有很强的现实意义。明清台湾专题档案的系统整理，充分揭示了台湾与大陆的血脉历史，有力回击了"台独"叫嚣。为迎接香港、澳门回归，出版《香港历史问题档案图录》《明清时期澳门问题档案文献汇编》等一系列编研成果。主动发挥档案铁证作用，为国家有关部门提供特定咨政专题档案，《明清南海主权问题档案》《清代中印锡金段边务档案》等专题档案有力支持了我国维护领土主权的重大斗争。

二是学术研究的金矿。在服务明清历史研究方面，对官藏档案进行了多层面开发。第一，明清档案文种的系列编纂。对社会关注度较大的某些类别档案，进行全面整理，有计划地予以系统性的刊布，其中主要有：明朝档案系列、清帝上谕档系列、清帝起居注系列、清朝官员履历折系列、军机处登记档系列等。第二，明清档案专题的系列编纂。专题类档案的编纂出版，特点是主题鲜明，针对性强。改革开放以来，专题档案的选题范围不断拓展，从明清历史人物到列强侵华战争，从农民运动到辛亥革命，为有关历史问题研究提供了最权威、最集中的第一手史料。第三，打造特色期刊《历史档案》。中国第一历史档案馆主办的学术期刊《历史档案》创办于 1981 年，主旨是公布明清档案文献，刊发明清史学论文，成为国内外学界广受欢迎和关注的国家核心期刊。

三是清史工程的基石。盛世修史，隔代修史，这是中国历史得以延续的传统文化。国家清史工程启动之初，即把清代档案的整理利用这一艰巨的基础性工作放在首位，并得到中国第一历史档案馆的积极支持和大力配合。首先，在 2003 年至 2015 年间，为清史工程整理专项档案 9 大类 300 万件，提供数字化档案 180 万件，直接供修史专家网上查阅利用。其次，作为国家清史编纂委员会"档案丛刊"出版项目，编纂出版专题档案 10 项 353 册。再次，中国第一历史档案馆专家学者依托馆藏优势，承担清史工程主体项目《皇子皇女表》《科场案》《图录卷》等的编修撰写。对清代档案的大规模整理和多层面利用，为清史编修奠定了厚实的资料基础，为这一国家学术工程提供了有力支撑。

四是文化建设的名片。明清档案编纂出版与现实社会密切结合，贴近时代、贴近生活、贴近大众，最大限度地实现明清档案的社会价值。出版的闽台、广东、西南、东北等地的专题档案，为各地各行业打造出一张张历史文化名片。有关皇家医疗、皇宫营造、离宫别苑、坛庙陵寝以及王府等清宫专题档案的编纂刊布，大大拓宽了清代宫廷历史研究的领域。把档案搬上银屏，是明清档案编研开发的一种特殊形式。28 集文献纪录片《清宫秘档》受到各界好评，荣获第十届中国电视纪录片学术奖。中国第一历史档案馆长期与中央电视台及北京电视台等媒体合作，推出诸多影视作品，成为明清档案文化走近大众走向社会的新型编研成果。

　　五是中外交流的窗口。明清档案是东方瑰宝，也是世界珍贵文化遗产。中国第一历史档案馆立足明清档案，着眼国际合作，一直致力整理编纂明清时期有关中外关系档案。有关中外关系综合性档案的编纂，主要有《明清宫藏中西商贸档案》《清中前期西洋天主教在华活动档案史料》《清宫万国博览会档案》《晚清国际会议档案》等。有关清代中国与特定国家关系的专题档案，陆续编纂有《清代中俄关系档案史料选编》《英使马戛尔尼访华档案史料汇编》《清代中朝关系档案史料汇编》等。另有外务部档案，主要是晚清政府与各国往来的国书、照会、电报，也分国别进行了整理。这些明清时期中国对外关系档案的编纂刊布，有力推进了中外关系史研究，促进了国际文化交流。

四、守正创新　走向未来

　　记者：明清档案在服务社会的开发过程中有哪些特征？昔日的皇家档案是如何走进新时代的？

　　李国荣：几代明清档案人在传承中不断创新，对堪称东方瑰宝的明清档案进行了全面深入的发掘，累积并形成了以下几个方面的鲜明特征。

　　其一，围绕中心的政治性。身在故纸堆，心中有宗旨。明清档案工作一直关注社会热点，紧扣时代脉搏，牢固树立大局意识，充分利用丰富的馆藏资源，配合国家重大时间节点的纪念活动推出档案编研精品，利用原始档案印证重大历史事件，对边界、海疆、民族、宗教等党和国家关切的历史问题，主动进行资政研究。明清档案人努力把"死档案"变成"活资料"，让权威的历史信息资源在服务国家主权安全和政治大局方面发挥了独特作用。

其二，以档治史的学术性。周恩来总理曾说，档案工作者要学习司马迁。司马迁依据兼管的官府档案推出历史巨著《史记》，他是古代中国治史与治档结合一身的典型代表。中国第一历史档案馆既是明清档案的保管基地，也是明清档案与明清历史的研究重镇。长期以来，明清档案开发坚持编研结合，努力提升学术含量，几代明清档案人持续推出 120 余部学术著作，承担诸多国家科研课题。实践证明，学术研究大大推动了明清档案的深层开发和业务建设，培养了明清档案专家队伍，编研结合是打造明清档案文化精品的必备举措。

其三，全面合作的社会性。明清档案是民族文化资源，是全社会的财富。明清档案的开发，一直浸透着社会各界专家学者的心力。自 20 世纪 50 年代开始，明清档案整理就得到社科研究机构、高等院校、文博单位及出版界的牵手合作，共同编纂出版有关专题史料。进入 80 年代以后，与社会各界的合作规模不断扩大，合作方式也更灵活多样。明清档案面向社会开展编纂合作，有两个基本特点，一是在形式上，不是档案部门独家，而是与社会多家合作，实现优势互补；二是在内容上，在依托和立足馆藏档案的同时，适度吸纳社会文化资源作为补充，以求编纂出更完整系统的文化产品。

其四，走向世界的国际性。明清档案是中国的，也是世界的。中国第一历史档案馆先后与 30 多个国家的科研、大学、档案馆等机构开展国际合作，共同整理编纂明清时期有关中外关系档案，努力让明清档案走向世界。明清档案面向世界，在弘扬民族传统文化，提升国家文化软实力的国际合作中发挥了独特作用。

其五，数字网络的时代性。面对数字化、网络化、信息化突飞猛进的时代需求，明清档案事业与时俱进不断创新。截止 2020 年底，馆藏 1067 万件档案，已经完成数字化档案 840 万件，局域网可查阅利用的档案图像 470 万件，可供远程检索的档案目录 407 万条，有 7 个大型专题档案实现全文检索，满文档案图像识别自动转换的软件开发取得重大突破。明清档案在数字编研、网络利用、信息开发诸多方面不断推出新举措。

记者：作为一个历史典籍的守护者和开发者，你对明清档案事业的发展有何感慨和寄语？

李国荣：回望百年，明清档案的沧桑历史，是与国家民族命运息息相关的，明清档案的开发历程，也正是近代以来我国文化事业发展的缩影与写照；瞩目今朝，就在 2020 年，位于首都核心区建筑面积 10 万平方米的中国第一历史档案馆现代化新馆已经落成；展望未来，在构筑文化强国实现民族复兴的大潮中，明清档案事业正走进新的时代。